Stefanie Katulski

***

Die Übergabe von Betriebsvermögen

in vorweggenommener Erbfolge

www.salzwasserverlag.de

Katulski, Stefanie

Die Übergabe von Betriebsvermögen in vorweggenommener Erbfolge

Praxishandbuch Steuern, Band 4

1. Auflage 2007

ISBN-13: 978-3-937686-93-6

© CT Salzwasser-Verlag GmbH & Co. KG, Bremen/Hamburg, 2003-2007 (www.salzwasserverlag.de)

Druck und Herstellung: Hohnholt Reprografischer Betrieb GmbH, Bremen (www.hohnholt.com)

Dieser Titel unterliegt dem Gesetz zur Regelung der Preisbindung von Verlagserzeugnissen (BGBl. I Nr. 63 vom 5. September 2002)

Die Deutsche Bibliothek verzeichnet diesen Titel in der Deutschen Nationalbibliografie. Bibliografische Daten sind unter http://dnb.ddb.de verfügbar.

Inhaltsverzeichnis

Wichtige Abkürzungen

AO	Abgabenordnung
BewG	Bewertungsgesetz
BFH	Bundesfinanzhof
BGBl.	Bundesgesetzblatt
BGH	Bundesgerichtshof
BMF	Bundesminister(ium) der Finanzen
BStBl.	Bundessteuerblatt
DBA	Abkommen zur Vermeidung von Doppelbesteuerung
DIA	Deutsches Institut für Altersvorsorge
ErbSt	Erbschaftsteuer
ErbStG	Erbschaftsteuergesetz
ErbStH	Erbschaftsteuerhinweise
ErbStR	Erbschaftsteuerrichtlinien
ESt	Einkommensteuer
EStG	Einkommensteuergesetz
FG	Finanzgericht
GG	Grundgesetz
GrEStG	Grunderwerbsteuergesetz
GrS	Großer Senat
JStG 1997	Jahressteuergesetz 1997
NJW	Neue Juristische Wochenschrift (Zeitschrift)
R	Richtlinie
S.	Seite
StÄndG	Steueränderungsgesetz 2001 vom 20.12.2001 (BGBl. I 2001,3794)
StEntlG	Steuerentlastungsgesetz 1999/2000/2001 vom 24.03.1999 (BGBl. I 1999, 402)

1 Vorwort

Das Erbvermögen in Deutschland wächst rasant. Vier Milliarden Euro Steuern konnten die Finanzminister im Jahr 2004 von den Erben einnehmen[1]. Die Entwicklung wird sich in den nächsten Jahren weiter beschleunigen, denn die durchaus vermögensstarke Nachkriegsgesellschaft befindet sich bereits in ihrem Lebensabend. Nach Schätzungen des Deutschen Instituts für Altersvorsorge (kurz: DIA) gehen im kommenden Jahrzehnt Vermögenswerte von ca. zwei Billionen Euro auf die nächste Generation über[2]. Nach einer Erhebung des DIA erben zwischen 2001 und 2010 ca. 15,1 Millionen Haushalte.

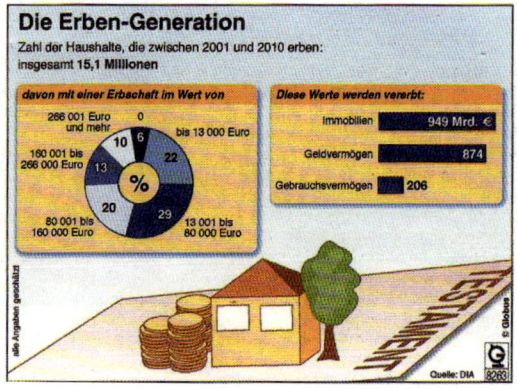

Abbildung 1: Die Erben-Generation[3]

Dennoch ist in nur ca. 20% der Fälle nach dem Tod eines Bundesbürgers eine testamentarische Verfügung vorhanden[4]. Nie-

---

[1] Vgl. BMF, Steuereinnahmen nach Steuerarten 2004, S.1
[2] Vgl. Die Wirtschaft 10/05, S. 4
[3] Abbildung entnommen aus Die Wirtschaft 10/05, S. 5
[4] Vgl. Die Wirtschaft 10/05, S. 4

mand setzt sich gerne mit dem eigenen Tod oder dem Tod naher Angehörigen auseinander. Dies ändert jedoch nichts daran, dass es gerade für Unternehmer wichtig ist, frühzeitig und sorgfältig die Vermögensnachfolge zu planen. Hierbei steht besonders die Übergabe von Betriebsvermögen in vorweggenommener Erbfolge im Zentrum der Planungen.

Bei der Entscheidungsfindung sollten dabei nicht nur außersteuerliche Überlegungen, sondern auch steuerliche Gesichtspunkte eine bedeutende Rolle spielen. Neben dem personellen Wechsel in der Unternehmensführung, der mit der Unternehmensnachfolge einhergeht, werden regelmäßig zum Teil erhebliche Steuerbelastungen ausgelöst, die die Unternehmensfortführung beeinträchtigen oder sogar gefährden können. Für verantwortungsbewusste Unternehmer gehört es somit zu den dringlichsten Aufgaben, die eigene Nachfolge rechtzeitig und mit besonderer Sorgfalt zu regeln. Ohne Wissen um die entstehende Steuerbelastung kann es beispielsweise zu ungeplanten Liquiditätsabflüssen in der ohnehin kritischen Phase des Unternehmensübergangs kommen. Durch Gestaltung der Unternehmensnachfolge lassen sich diese Risiken begrenzen.

Im Rahmen der Vermögensübertragung besitzt insbesondere die Erbschaftsteuer wirtschaftliche Relevanz. Aus diesem Grund werden in dieser Untersuchung in erster Linie die Aspekte dieser Steuerart betrachtet. Verkehrsteuerliche Überlegungen werden in Anbetracht ihrer geringen praktischen Bedeutung bei der Unternehmensnachfolge nicht behandelt. Die Untersuchung beschränkt sich auf rein inländische Sachverhalte.

Als außersteuerlicher Aspekt sollte jedoch nicht die weitere Sicherung des Lebensstandards der weichenden Generation außer Betracht gelassen werden. Dies kann z.B. durch eine Nießbrauchsvereinbarung berücksichtigt werden.

2 Rechtsgeschichtlicher Hintergrund der Erbschaftsteuer[5]

Die Ursprünge des Erbschaftsteuerrechts lassen sich weit zurückverfolgen. Generell ist die Erbschaftsteuer als Erbanfallsteuer konzipiert. Somit dient das ErbStG dem Ziel, die von Todes wegen oder durch Schenkung unter Lebenden eingetretene Bereicherung zu erfassen.

Historisch lassen sich bereits in der Zeit der Sumerer, Ägypter und Römer erste Ursprünge erkennen. Im deutschen Raum lassen sich folgende Ursprünge erkennen:

- In der fränkischen Zeit gab es das Erbschaftszehnt, das bei Entscheidungen über Erbstreitigkeiten an den König zu entrichten war.

- Nach altfriesischem Recht gab es im Mittelalter die Verwandtenabgabe. Diese wurde von entfernter verwandten erbberechtigten Personen eingefordert.

- Besitzwechselabgaben müssen seit Ende des 9. Jahrhundert gezahlt werden.

- Das Kollationsgeld wurde im 17. und 18. Jahrhundert eingeführt. Dies war eine Erbschaftsteuer von Seitenverwandten.

- Von deutschen Einzelstaaten wurden die Stempelabgaben (Urkundensteuern für Testamente und Erbschaftsverträge), eingeführt.

Ein modernes Erbschaftsteuergesetz wurde 1873 von Preußen erlassen. Dieses diente auch den übrigen Ländern als Muster. Eine Vereinheitlichung der Erbschaftsteuergesetze gab es erst 1906. Durch diese Vereinheitlichung kam es durch das Reichsgesetz, welches eine landesrechtliche Erbanfallsteuer einführte. Den

---

[5] Vgl. Lehrbuch der Erbschaftsteuer, S. 27 f.

Einzelstaaten wurden die Ertragsanteile sowie Zuschlags- und Zusatzrecht zugesprochen.

1919 ging die Erbschaftsteuer auf Grund der Erzbergerschen Finanzreform ganz auf das Reich über. Die Einzelstaaten erhielten keine Ertragsanteile mehr. Hierbei wurde allerdings noch bis 1922 zu der Erbanfall- und Schenkungssteuer beim Erben oder Beschenkten eine Nachlasssteuer beim Toten erhoben. 1922 wurde diese Nachlasssteuer beim Toten abgeschafft und es wurden nur noch die Erben besteuert.

1925 erhielt das Erbschaftsteuergesetz wiederum eine Neuerung. Unter der Einbeziehung der Wertbegriffe des neu geschaffenen Reichsbewertungsgesetzes kam es zu einer Neufassung des Erbschaftsteuergesetzes. Diese Grundzüge sind in das heutige Recht eingeflossen. Seit 1945 (1949 auch durch das Grundgesetz geregelt) steht die Erbschaftsteuer wieder den Ländern zu.

Auch in der folgenden Zeit wurden noch oft Änderungen im Erbschaftsteuergesetz vorgenommen. 1959 erfolgte eine wichtige Änderung durch das Gleichberechtigungsgesetz. Durch das Gesetz über die rechtliche Stellung des nichtehelichen Kindes kam es 1969 erneut zu einer gravierenden Änderung, da nun auch nichteheliche Kinder erbberechtigt wurden. 1974 kam es dann zum Erbschaftsteuerreformgesetz, durch welches das Erbschaftsteuergesetz vollkommen neu gegliedert wurde. Außerdem wurden auf Grund der Anwendung der Einheitswerte die Freibeträge wesentlich erhöht.

Durch die deutsche Einheit im Jahre 1990 kam es erneut zu Änderungen. Dies hatte im Erbschaftsteuergesetz vom 01.01.1991 zur Folge, dass es zu einer Vereinheitlichung des Erbschaftsteuergesetzes auf das Beitrittsgebiet kam.

Zurückgehend auf den Einheitswert-Beschluss des Bundesverfassungsgerichts vom 22.06.1995 hat das Erbschaftsteuergesetz umfangreiche Änderungen durch das Jahressteuergesetz 1997 vom 20.12.1996 erfahren. Hierzu zählen z.B. die Erhöhung der persönlichen Freibeträge und die massive Entlastung des Produktivvermögens. Hiermit einher ging die gesetzliche Verankerung eines erbschaftsteuerlichen Bewertungsrechts mit Wirkung zum 01.01.1996.

3 Definitionen

3.1 Erbe

Im Folgenden soll betrachtet werden, in welchen Tatbeständen das Erbrecht zum Tragen kommt. Hierbei wird zwischen gesetzlicher und gewillkürter Erbfolge unterschieden.

3.1.1 Die gesetzliche Erbfolge

Die gesetzliche Erbfolge richtet sich nach dem Gesetz, wenn folgende Tatbestände gegeben sind:

- Es gibt weder ein Testament noch einen Erbvertrag.
- Das Testament ist unwirksam oder wurde erfolgreich angefochten.
- Die testamentarische Erbeinsetzung ist ausgeschlagen worden.

Die gesetzliche Erbfolge ist im Bürgerlichen Gesetzbuch verankert. Sie richtet sich nach der Blutsverwandtschaft und ist nach folgenden Erbordnungen unterteilt:

Erben 1. Ordnung (§ 1924 BGB)

„Gesetzliche Erben der ersten Ordnung sind die Abkömmlinge des Erblassers" (§ 1924 Abs. 1 BGB). Lebt der Abkömmling des Erblassers zum Zeitpunkt des Erbanfalls, schließt er seine verwandten Abkömmlinge von der Erbfolge aus (§ 1924 Abs. 2 BGB). Im Umkehrschluss treten die Abkömmlinge des Erben das Erbe an, wenn der direkte Abkömmling des Erblassers (Erbe) zur Zeit des Erbanfalls nicht mehr leben sollte (§ 1924 Abs. 3 BGB).

Das bedeutet: Wenn der Erblasser Kinder hat, erben diese zu gleichen Teilen (§ 1924 Abs. 4 BGB). Sollte eines der Kinder zum Zeitpunkt des Erbanfalls nicht mehr leben, so treten wiederum seine Kinder (Enkel des Erblassers) das Erbe stattdessen an. Sollten auch die Enkel nicht mehr leben, so treten die Urenkel das Erbe an.

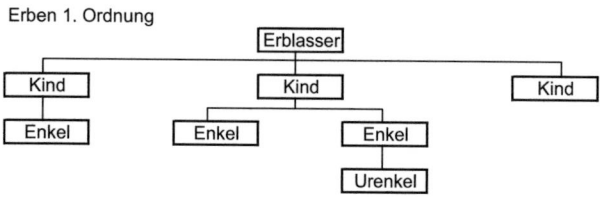

Abbildung 2: Erben 1. Ordnung

Erben 2. Ordnung (§ 1925 BGB)

„Gesetzliche Erben der zweiten Ordnung sind die Eltern des Erblassers und deren Abkömmlinge" (§ 1925 Abs. 1 BGB). Zu den Abkömmlingen der Eltern zählen u. a. Geschwister, Neffen und Nichten. Wenn die Eltern zur Zeit des Erbanfalls leben, erben sie allein und zu gleichen Teilen (§ 1925 Abs. 2 BGB). In § 1925 Abs. 3 BGB ist geregelt wie es sich verhält, wenn ein Elternteil zur Zeit des Erbanfalls nicht mehr lebt. Sollte Vater oder Mutter zur Zeit des Erbanfalls nicht mehr leben, so geht der Erbteil des verstorbenen Elternteils auf deren Abkömmlinge nach den Vorschriften des § 1924 BGB über. Der überlebende Elternteil behält seinen Erbteil. Sollte es keine Abkömmlinge geben, so erbt der überlebende Teil allein.

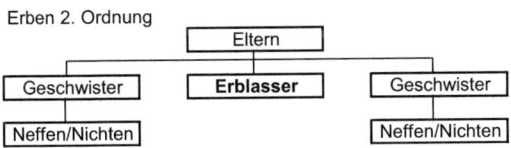

Abbildung 3: Erben 2. Ordnung

Erben 3. Ordnung (§ 1926 BGB)

Hierzu zählen die „Großeltern des Erblassers und deren Abkömmlinge" (§ 1926 Abs. 1 BGB), also Onkel, Tanten, Cousinen und Cousins. Die Großeltern erben allein und zu gleichen Teilen, wenn sie zum Zeitpunkt des Erbanfalls leben (§ 1926 Abs. 2 BGB). Wenn zur Zeit des Erbanfalls ein Teil der Großeltern nicht mehr lebt, so erben die Abkömmlinge des verstorbenen Großelternteils den Erbteil des verstorbenen Großelternteils (§ 1926 Abs. 3 Satz 1 BGB). Der überlebende Großelternteil behält seinen Erbteil. Der Teil des einen Großelternteils geht auf den anderen Großelternteil über, wenn keine Abkömmlinge vorhanden sind (§ 1926 Abs. 3 Satz 2 BGB).

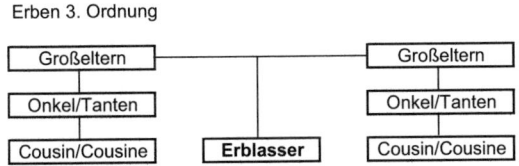

Abbildung 4: Erben 3. Ordnung

Erben 4. Ordnung (§ 1928 BGB)

Die Urgroßeltern des Erblassers und deren Abkömmlinge gehören zu den Erben der 4. Ordnung (§ 1928 Abs. 1 BGB). Nach § 1928 Abs. 2 BGB erben mehrere Erben zu gleichen Teilen und die Urgroßeltern erben allein, wenn sie zum Zeitpunkt des Erbanfalls leben. Sollten die Urgroßeltern nicht mehr leben, so erben die Abkömmlinge der Urgroßeltern, die am nächsten mit dem Erblasser verwandt sind (§ 1928 Abs. 3 BGB).

Erben entfernter Ordnung (§ 1929 BGB)

Erben entfernter Ordnung sind die entfernten Voreltern und deren Abkömmlinge (§ 1929 Abs. 1 BGB). Sollte es der Fall sein, dass ein Erbe einen mehrfachen Verwandtschaftsgrad zum Erblasser aufweist, so erbt er jeden Anteil, der ihm aus den verschiedenen Ordnungen zusteht (§ 1927 BGB). Die Rangfolge der Erben ergibt sich aus den oben genannten Ordnungen. Vorrang haben immer die Erben der niedrigsten Ordnung.

3.1.2 Pflichtteil

Die Pflichtteilsregelung ist in den §§ 2303 – 2338 BGB verankert. Die Testamentsfreiheit des Erblassers wird durch diese Pflichtteils- und Pflichtteilsergänzungsansprüche eingeschränkt. Ist ein Abkömmling des Erblassers durch Verfügung von Todes wegen von der Erbfolge ausgeschlossen, kann er nach § 2303 Abs. 1 Satz 1 BGB von den Erben den Pflichtteil verlangen. Das gleiche Recht steht den Eltern und den Ehegatten des Erblassers zu, wenn sie durch Verfügung von Todes wegen von der Erbfolge ausgeschlossen sind (§ 2303 Abs. 2 BGB). Ein Pflichtteilsberechtigter hat einen Geldanspruch gegen die Erben, er ist somit nicht am Nachlass beteiligt und wird nicht Miterbe mit den anderen Erben.

Der Pflichtteilsanspruch selbst ist ein Geldanspruch; er besteht nach § 2303 Abs. 1 Satz 2 BGB in der Hälfte des Werts des gesetzlichen Erbteils.

Der Anspruch auf den Pflichtteil entsteht mit dem Erbanfall (§ 2317 Abs. 1 BGB). Der Pflichtteilsanspruch ist vererblich und übertragbar (§ 2317 Abs. 2 BGB).

3.1.2.1 Pflichtteilsberechtigte

Pflichtteilsberechtigt sind nur die nächsten Familienangehörigen des Erblassers: seine Abkömmlinge (Kinder, Enkel, Urenkel), seine Eltern und sein überlebender Ehegatte, nicht jedoch dessen Geschwister und entferntere Verwandte. Nicht pflichtteilsberechtigt sind nicht eheliche Lebensgefährten, diese können nur durch Testament oder Erbvertrag bedacht werden. Da der Pflichtteilsanspruch nur den nächsten Verwandten zusteht, sind Enkelkinder und die Eltern des Erblassers nicht pflichtteilsberechtigt, wenn Kinder vorhanden sind, die den Pflichtteil verlangen können (§ 2309 BGB). Zu den Pflichtteilsberechtigten gehören seit 1998 auch nichteheliche Kinder, soweit sie erbberechtigt sind. Pflichtteilsberechtigt sind außerdem adoptierte Kinder und Kinder, die zum Zeitpunkt des Todes des Erblassers gezeugt, aber noch nicht geboren sind. Auch dies wieder unter der Vorraussetzung, dass diese Kinder erbberechtigt sind.

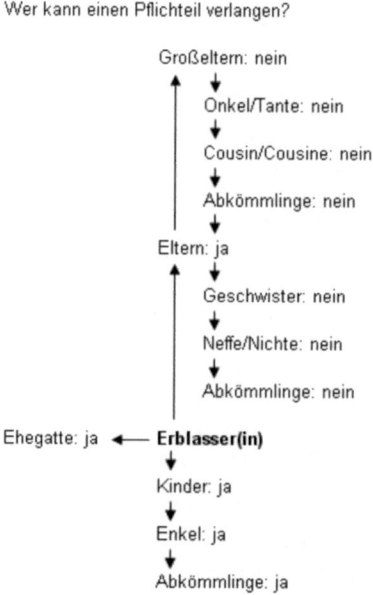

Wer kann einen Pflichtteil verlangen?

Abbildung 5: Pflichtteil

Der Pflichtteilsanspruch wird für den Berechtigten durch Ausschluss von der Erbfolge durch Verfügung von Todes wegen begründet; folglich ist nur derjenige pflichtteilsberechtigt, der ohne Testament aufgrund gesetzlicher Erbfolge Erbe geworden wäre. Allerdings kann ein im Testament Bedachter seinen Pflichtteil (soweit er pflichtteilsberechtigt ist) verlangen, wenn bestimmte Vorraussetzungen vorliegen. Im Testament muss eine Beschränkung oder Beschwerung gegenüber dem Pflichtteilsberechtigten vorliegen. Hierzu zählen gemäß § 2305 Abs. 1 BGB die Einsetzung eines Nacherben, eine Testamentsvollstreckung, eine Teilungsanordnung, ein Vermächtnis oder eine Auflage. Liegen solche Anforderungen vor und ist das hinterlassene Vermögen höher als der Pflichtteil (§ 2306 Abs. 1 Satz 2 BGB), kann der Pflichtteilsberechtigte die Erbschaft ausschlagen und seinen Pflichtteil verlangen. Somit fallen für den Pflichtteilsberechtigten alle Beschränkungen und Beschwerungen weg. Der Pflichtteilsberechtigte erhält jedoch wertmäßig weniger, als ihm nach dem Testament zustände. Der Pflichtteil ist, wie schon erwähnt, nur die Hälfte des gesetzlichen Erbteils. Ist der im Testament zugewendete Erbteil genauso hoch wie der Pflichtteilsanspruch, fallen die Beschränkungen und Beschwerungen automatisch weg. Der Pflichtteilsberechtigte wird testamentarischer Erbe ohne Beschränkungen. Wird die Erbschaft ausgeschlagen, so erhält er nichts. Sollte der testamentarisch bedachte Erbteil niedriger sein als der Pflichtteil, so fallen auch hier die Beschränkungen und Beschwerungen weg. Das gleiche gilt für Pflichtteilsberechtigte, die mit einem Vermächtnis bedacht wurden. Nach § 2307 BGB muss der Pflichtteilsberechtigte das Vermächtnis[6] ausschlagen und seinen Pflichtteil verlangen.

Bei Ehegatten, die sich im gesetzlichen Güterstand der Zugewinngemeinschaft[7] befanden, ist der Umfang des Pflichtteils teils davon abhängig, ob der überlebende Ehegatte ein Vermächtnis erhält. In diesem Fall bleibt der überlebende Ehegatte zwar von der Erbschaft ausgeschlossen, ihm steht jedoch der so genannte große Pflichtteil zu. Dies hat zur Folge, dass sich sein Pflichtteil nach dem um ein Viertel erhöhten gesetzlichen Pflichtteil berechnet (§ 1371 BGB). Der überlebende Ehegatte kann hingegen den güterrechtlichen Zugewinnausgleich verlangen, sowie den Pflichtteil, der sich nach dem nicht um ein Viertel erhöhten gesetzlichen

---

6   Siehe Kapitel „Vermächtnis"
7   Siehe Kapitel „Zugewinngemeinschaft"

Erbteil berechnet (so genannter kleiner Pflichtteil), wenn er weder Erbe noch Vermächtnisnehmer wird.

3.1.2.2 Berechnung des Pflichtteils

Zur Berechnung des Pflichtteils wird das Vermögen des Erblassers zur Zeit des Todes herangezogen (§ 2311 Abs. 1 Satz 1 BGB). Der dem Ehegatten zustehende Voraus[8] wird von der Berechnung abgezogen (§ 2311 Abs. 1 Satz 2 BGB). Nach § 2315 Abs. 1 BGB sind Zuwendungen des Erblassers zu Lebzeiten an einen Pflichtteilsberechtigten (= Rechtsgeschäfte unter Lebenden) auf den entsprechenden Pflichtteil anzurechnen, wenn dies bei der Zuwendung entsprechend bestimmt worden ist. Sollte es zu einer Schenkung des Erblassers an einen Dritten, nicht Pflichtteils- und Erbteilsberechtigten, gekommen sein, so sieht § 2325 Abs. 1 BGB vor, dass der Pflichtteilsberechtigte eine Ergänzung verlangen kann. Somit wird der Pflichtteil um den Betrag erhöht, als ob der verschenkte Gegenstand dem Nachlass hinzugerechnet wird. Allerdings kann diese Schenkung nur berücksichtigt werden, wenn sie weniger als 10 Jahre zurückliegt (§ 2325 Abs. 3 BGB). Auch bei Schenkungen des Erblassers an einen Pflichtteilsberechtigten kommt es zu einer Anrechnung wie bei Schenkungen an Dritte (§ 2327 Abs. 1 Satz 1 BGB). Bei Schenkungen unter Ehegatten beginnt diese Frist erst mit Beendigung der Ehe.

3.1.2.3 Entzug des Pflichtteils

Unter bestimmten Umständen sieht das BGB vor, dass dem Pflichtteilsberechtigtem den Pflichtteil entzogen werden kann. In den §§ 2333 – 2337 BGB sind die Gründe aufgeführt. So kann

---

[8] Siehe Kapitel „Voraus"

der Erblasser gemäß § 2333 BGB einem Abkömmling unter bestimmten Umständen den Pflichtteil entziehen. Hierzu zählen:

- Der Abkömmling trachtet dem Erblasser, dessen Ehegatten oder einem anderen Abkömmling nach dem Leben.

- Es liegt eine vorsätzliche körperliche Misshandlung durch den Abkömmling an dem Erblasser, dessen Ehegatten oder dessen anderen Abkömmlingen vor.

- Der Abkömmling ist einem Verbrechen oder einem schweren vorsätzlichem Vergehen an dem Erblasser, dessen Ehegatten oder anderen Abkömmling schuldig.

- Die dem Erblasser gegenüber gesetzlich vorgeschriebene Unterhaltspflicht wird durch den Abkömmling verletzt.

- Vollzieht der Abkömmling einen ehrlosen oder unsittlichen Lebenswandel gegen den Sinn des Erblassers, so kann dem Abkömmling der Pflichtteil entzogen werden.

Auch den Eltern und dem Ehegatten des Erblassers kann der Pflichtteil entzogen werden. Die Umstände, unter denen den Eltern (§ 2334 BGB) oder dem Ehegatten (§ 2335 BGB) der Pflichtteil entzogen werden kann, sind analog oben unter den Punkten 1 – 4 genannt. Das Gleiche gilt für die Entziehung des Ehegattenpflichtteils. Nach § 2336 Abs. 2 BGB muss der Grund der Pflichtteilsentziehung zur Zeit der Errichtung der letztwilligen Verfügung bestehen und in dieser angegeben werden. Der Beweis des Grundes für die Pflichtteilsentziehung muss vom Erblasser erfolgen (§ 2336 Abs. 3 BGB). Gemäß § 2337 BGB kann durch eine Verzeihung die Entziehung des Pflichtteils rückgängig gemacht werden.

3.1.2.4 Verjährung des Pflichtteilsanspruchs

Gemäß § 2332 BGB verjährt der Anspruch auf den Pflichtteilsanspruch drei Jahre nachdem der Pflichtteilsberechtigte von dem
Erbfall Kenntnis erlangt hat. Erhält der Pflichtteilsberechtigte
keine Kenntnis von dem Erbfall, so verjährt der Anspruch auf den
Pflichtteil nach 30 Jahren (§ 2332 Abs. 1 Satz 2 BGB).

3.1.3 Testament

Die bisher genannten gesetzlichen Erbfolgen kommen in Betracht, wenn keine gewillkürte Erbfolge geregelt ist. Jedoch kann
jeder Bürger über sein Vermögen frei verfügen und schon zu
Lebzeiten durch ein Testament oder eine letztwillige Verfügung
regeln, wer zu welchem Teil nach seinem Tod seinen Nachlass erben soll. Dies ist im § 1937 BGB grundsätzlich verankert. Ein
Testament kann jeder erstellen, der testierfähig ist. Testierfähig
ist Jeder, der das 16. Lebensjahr vollendet hat und voll geschäftsfähig[9] ist (§ 2229 BGB). Testierunfähig ist gemäß § 2229 Abs. 4
BGB, wer eine krankhafte Störung der Geistestätigkeit hat oder
wer wegen Bewusstseinstörung nicht in der Lage ist, die Bedeutung einer Willenserklärung einzusehen und nach dieser Einsicht
zu handeln.

Diese Testamentsfreiheit sollte jeder nutzen, der der Meinung
ist, dass die gesetzliche Erbfolge nicht seinem letzten Willen entspricht.

Ein Testament kann jederzeit vom Testierenden geändert, er-
gänzt oder zurück genommen werden (§§ 2253 ff. BGB).

---

[9] Geschäftsfähig ist gemäß § 104 BGB jeder, der das siebte Lebensjahr
vollendet hat und keine Beeinträchtigung der Geistestätigkeit hat.

Nach § 2064 BGB kann das Testament nur vom Erblasser persönlich errichtet werden.

3.1.3.1 Formvorschriften

Ein Testament kann in zwei unterschiedlichen Formen abgegeben werden (§ 2231 BGB):

- Niederschrift beim Notar

- eigenhändiges Testament durch den Erblasser

Die Formvorschriften für ein eigenhändiges Testament sind in § 2247 BGB verankert. Der Erblasser muss das Testament eigenhändig schreiben und mit Zeit und Ort der Erstellung des Testaments versehen. Außerdem ist das Testament mit Vor- und Zuname zu unterschreiben. Ist das Testament nicht mit Datum und ordentlicher Unterschrift versehen, kann es zu Streitigkeiten der Aktualität des Testaments und der Urheberschaft kommen. Diese zwei Merkmale sind allerdings keine Voraussetzung für die Wirksamkeit eines Testaments. Als Testierender sollte man jedoch bei Erstellung des Testaments alle Eventualitäten für Streitigkeiten ausschließen, damit der letzte Wille auch wie beabsichtigt ausgeführt werden kann. Auch bei der eindeutigen Bezeichnung der im Testament bedachten Personen sollte große Sorgfalt geboten werden. Sind die Bedachten nicht eindeutig bezeichnet, sieht § 2073 BGB vor, dass alle Personen, auf die die Beschreibung im Testament passt, zu gleichen Teilen erben.

3.1.3.2 Nottestament

In bestimmten Notsituationen sieht das BGB in den §§ 2249 – 2252 das so genannte Nottestament vor. In Notsituationen, z.B. wenn ein Unfallopfer oder ein älterer Mensch auf dem Sterbebett nicht mehr die Möglichkeit hat, ein eigenhändiges oder notarielles

Testament zu erstellen, sieht das Gesetz folgende drei Nottestamente vor, die gewählt werden können:

In § 2249 BGB ist das Nottestament vor dem Bürgermeister verankert. Das Bürgermeistertestament ist möglich, falls zu besorgen ist, „dass der Erblasser früher sterben werde, als die Errichtung eines Testamentes vor einem Notar möglich ist". Der Bürgermeister der Gemeinde, in der sich der Testierende zum Zeitpunkt aufhält, hat die Erklärung des Testierenden zu beurkunden und dafür zwei Zeugen heranzuziehen, die nicht im Testament bedacht sind. In der Niederschrift sollte die Besorgnis, dass kein Testament mehr vor einem Notar errichtet werden kann, festgehalten werden (§ 2249 Abs. 2 BGB).

Eine andere Möglichkeit ist das Testament vor drei Zeugen (§ 2250 BGB). Dieses Testament kann gemacht werden, wenn nahe Todesgefahr droht und voraussichtlich keine Testamentserrichtung vor dem Bürgermeister mehr durchgeführt werden kann. Die mündliche Erklärung des Testierenden muss vor drei Zeugen erfolgen. Die Zeugen fertigen über den letzten Willen des Testierenden eine Niederschrift an und unterzeichnen diese.

Das Nottestament auf See ist in § 2251 BGB hinterlegt. Das Seetestament kann durch mündliche Erklärung vor drei Zeugen in Niederschrift errichten werden (wie beim oben genannten Nottestament), wenn man sich während einer Seereise an Bord eines deutschen Schiffes außerhalb eines inländischen Hafens befindet.

Die Gültigkeitsdauer der Nottestamente ist durch § 2252 BGB begrenzt. Nach diesem Paragraphen verlieren die Nottestamente ihre Wirkung, wenn seit Errichtung des Testamentes drei Monate verstrichen sind und der Erblasser noch lebt. Der Gesetzgeber geht nämlich davon aus, dass Nottestamente oft unvorbereitet und ohne genaue Überlegung abgefasst werden. Die unter § 2231 BGB genannten normalen Testaments sind unbegrenzt gültig.

3.1.3.2 Aufbewahrung eines Testaments

Für die Aufbewahrung des normalen Testaments gilt folgendes:

Das eigenhändige Testament kann an einem beliebigen Ort aufbewahrt werden. Es sollte nur sichergestellt sein, dass das Testament nach Ableben des Testierenden gefunden wird und beim Nachlassgericht abgegeben wird. Die Gefahr, dass ein nicht bedachter gesetzlicher Erbe ein ihm unliebsames Testament vernichtet, ist nicht von der Hand zu weisen. Folge dessen wäre, dass der letzte Wille des Testierenden nicht ausgeführt würde.

Das notarielle Testament wird bei dem Amtsgericht verwahrt, das für den Sitz des Notars zuständig ist. Wenn ein beim Amtsgericht hinterlegtes Testament an den Testierenden ausgehändigt wird, verliert es seine Wirksamkeit. Somit gilt bis zur Erstellung eines neuen Testaments die gesetzliche Erbfolge. Durch die Verwahrung des Testaments beim Amtsgericht entstehen Kosten, die sich nach dem Geschäftswert des Nachlasses richten. Dafür ist aber auch sichergestellt, dass das Testament und somit der lctzte Wille des Testierenden ausgeführt wird.

3.1.4 Erbvertrag

Ein Erbvertrag wird zwischen mindestens zwei Personen geschlossen. Derjenige, der in einem Erbvertrag letztwillige Verfügungen trifft, muss unbeschränkt geschäftsfähig sein, also volljährig und nicht geschäftsunfähig (§ 2275 BGB). Anders wie beim Testament kann also ein Minderjähriger keinen Erbvertrag abschließen. Er braucht hierzu die Einwilligung eines gesetzlichen Vertreters.

Ein Erbvertrag ist ein Vertrag zwischen zwei oder mehreren Personen, in dem zumindest eine Person eine letztwillige Verfügung trifft, die nicht ohne weiteres von dem Testierenden einseitig geändert werden kann.

Einen Erbvertrag kann der Testierende mit einem beliebigen Dritten schließen. Somit ist weder eine bestehende Ehe noch ein Verwandtschaftsverhältnis Vorraussetzung.

Treffen in einem Erbvertrag beide Vertragsschließenden erbrechtliche Verfügungen, dann müssen beide die oben genannten Voraussetzungen erfüllen. Trifft einer der Vertragsschließenden dagegen keine testamentarischen Verpflichtungen, wird er also von dem Vertragspartner lediglich bedacht und hat dadurch ausschließlich rechtliche Vorteile, dann reicht zur Wirksamkeit die beschränkte Geschäftsfähigkeit aus. Beschränkt geschäftsfähig ist, wer sieben Jahre alt ist (analog §104 BGB).

Der Erblasser kann den Erbvertrag nur persönlich abschließen, eine Stellvertretung ist ausgeschlossen (§ 2274 BGB). Gemäß § 2276 BGB ist der Erbvertrag vor dem Notar bei gleichzeitiger Anwesenheit aller Vertragspartner zuschließen. Derjenige, der letztwillige Verfügungen trifft, muss persönlich anwesend sein, diejenigen, die keine erbrechtlichen Verfügungen treffen, können sich durch einen Bevollmächtigten vertreten lassen.

Der Notar veranlasst die amtliche Verwahrung des Erbvertrags, wenn die Vertragsschließenden dies wünschen. Wird dies veranlasst, sollte jedem der Vertragsschließenden ein Hinterlegungsschein ausgehändigt werden (§ 2277 BGB). Aber anders als beim notariellen Vertrag hat die Rücknahme aus der amtlichen Verwahrung keine Auswirkung auf die Gültigkeit des Erbvertrages. Er ist weiterhin gültig und muss nicht neu geschlossen werden.

Der Abschluss eines Erbvertrages ist in drei Fällen sinnvoll: bei Paaren ohne Trauschein, bei Pflegebedürftigkeit einer bedachten Person und zur Regelung der Unternehmensnachfolge. Paare ohne Trauschein können sich nicht wechselseitig über ein Ehegattentestament absichern. Eine wechselseitig bindende Erbeinsetzung kann deshalb nur durch einen Erbvertrag erfolgen.

Wenn eine Person einen Verwandten oder Freund finanziell unterstützt, bei Pflegebedürftigkeit versorgt, kostenfrei größere Reparaturen am Haus ausführt oder andere Leistungen unentgeltlich erbringt, sollte ein Erbvertrag geschlossen werden. In diesen Fällen sichert ein Erbvertrag der Person, die vorab etwas leistet, den Nachlass oder einen Teil davon. Ein Testament würde hier nicht ausreichen, da der Erblasser dieses Dokument jederzeit ohne Einwilligung des Anderen ändern oder widerrufen könnte. Ein Erbvertrag kann, wie oben schon erwähnt, nur durch die Einwilligung beider Seiten geändert werden. Ein weiteres Problem ohne Erbvertrag ergäbe sich, wenn nur ein eigenhändiges Testament, das selbst verwahrt wird, vorläge. Auch hier bestünde die Gefahr, dass das Testament nicht gefunden wird oder vernichtet wird.

Zur Regelung der Unternehmensnachfolge kann ein Erbvertrag die richtige letztwillige Verfügung sein. Das trifft vor allem dann zu, wenn durch den Unternehmer sichergestellt werden soll, dass sein Lebenswerk von einem kompetenten Nachfolger erhalten und weitergeleitet wird. So kann verhindert werden, dass das Unternehmen in inkompetente Hände fällt oder durch geldhungrige Erben zersplittert wird.

Gemäß § 2286 BGB kann der Erblasser zu Lebzeiten trotz Erbvertrag frei über sein Vermögen verfügen. Wurde ein Erbvertrag über das gesamte Vermögen oder Teile dessen geschlossen, so kann der Erblasser nicht mehr in einer anderen letztwilligen Verfügung anderweitig bestimmen. Wenn der Erblasser den Vertrag durch ein Testament aufheben möchte, ist dies nach § 2291 BGB nur möglich, wenn die andere Vertragspartei zustimmt. Dies bedarf einer notariellen Beurkundung. Ohne diese Zustimmung und Beurkundung wäre ein später errichtetes Testament unwirksam.

Außerdem werden gemäß § 2289 BGB durch den Erbvertrag alle vorher geschlossenen letztwilligen Verfügungen, die die im Erbvertrag Bedachten beeinflussen, aufgehoben.

3.1.5 Inhaltliche Ausgestaltung der letztwilligen Verfügung

Durch Erbvertrag oder Testament kann der Erblasser den Kreis der Erben gegenüber der gesetzlichen Erbfolge, je nach seinen Interessen oder den persönlichen, familiären oder wirtschaftlichen Verhältnissen, verändern. Der Kreis der Erben kann gegenüber der gesetzlichen Erbfolge erweitert oder auch verengt werden. Gemäß den Anordnungen des Erblassers kann er völlig frei Erbquoten verändern, einem konkret Bedachten einzelne Wirtschaftsgüter zuwenden oder Kraft letztwilliger Verfügung einen zeitlich befristeten Vermögenserwerb festlegen[10].

3.1.5.1 Erbeinsetzung

Nach § 1922 BGB geht mit dem Tod einer Person deren Vermögen als Ganzes auf eine Person oder zu Teilen an mehrere Personen über. Vorraussetzung hierzu ist, dass der Erbe zum Zeitpunkt des Erbanfalls lebt oder schon gezeugt ist (§ 1923 BGB). Demnach ist unter Erbeinsetzung die Bestimmung einer oder mehrerer Personen zum Gesamtrechtsnachfolger des Erblassers zu verstehen. „Die Feststellung, ob jemand als Erbe eingesetzt worden ist, ist von besonderer erbrechtlicher Relevanz, da das Vermögen des Erblassers bei dessen Tode nur auf den oder die Erben im Wege der Gesamtrechtsnachfolge (Universalsukzession) nach § 1922 BGB übergeht, hingegen nicht auf den Vermächtnisnehmer" [11]. Zusätzlich hierzu ist nach § 2353 BGB nur einem Erben ein Erbschein durch das Nachlassgericht auszustellen und der Erbe haftet für die Nachlassverbindlichkeiten (§ 1967 Abs. 1 BGB).

---

[10] Vgl. Lehrbuch der Erbschaftsteuer, S. 41
[11] Vgl. Lehrbuch der Erbschaftsteuer, S. 41

Der Erblasser kann frei festlegen, wer Erbe sein soll und auch die Anteile der einzelnen Erben am gesamten Nachlass bestimmen (§ 1937 BGB). Zum einen kann er bestimmen, dass nur eine Person Alleinerbe sein soll oder es entstehen Miterbengemeinschaften, wenn mehrere Personen Erben sein sollen. Hat der Erblasser sein Vermögen oder einen Bruchteil seines Vermögens dem Bedachten zugewendet, so ist die Verfügung nach § 2087 Abs. 1 BGB als Erbeinsetzung anzusehen, auch wenn der Bedachte nicht als Erbe bezeichnet ist. Sind dem Bedachten hingegen nur einzelne Gegenstände zugewendet, ist im Zweifel nicht anzunehmen, dass er Erbe sein soll, auch wenn er als Erbe bezeichnet ist (§ 2087 Abs. 2 BGB). Nach § 1939 BGB kann der Erblasser aber auch durch Testament einen Vermögensteil vermachen, ohne ihn als Erben einzusetzen (Vermächtnis).

3.1.5.2 Vor- und Nacherbschaft

Nach § 2100 BGB kann der Erblasser einen Erben in der Weise einsetzen, dass dieser erst Erbe (Nacherbe) wird, nachdem zunächst ein anderer Erbe (Vorerbe) geworden ist. Sollte der Erbe zum Zeitpunkt des Erbanfalls noch nicht gezeugt sein, so ist anzunehmen, dass er Nacherbe ist (§ 2101 BGB). Nach § 2102 BGB enthält die Einsetzung als Nacherbe im Zweifel auch die Einsetzung als Ersatzerbe, der als Erbe eintritt, wenn der bestimmte Nacherbe nicht mehr leben sollte. Sollte der Erblasser zwar verfügt haben, dass das Erbe auf einen Erben nur bis zu einem bestimmten Zeitpunkt übergeht, aber keinen Nacherben genannt haben, so geht nach § 2104 BGB das Nacherbe an die gesetzlichen Erben des Erblassers zum Zeit des Erbanfalls über. Das Gleiche gilt nach § 2105 BGB auch für den umgekehrten Fall, wenn ein Nacherbe aber kein Vorerbe vom Erblasser vorgesehen ist. Die gesetzlichen Erben sind, bis zum Zeitpunkt der Übergabe des Erbes an den Nacherben, die Vorerben.

Den Erben fällt die Erbschaft erst zu dem vom Erblasser bestimmten Zeitpunkt zu, regelmäßig mit dem Tod des Vorerben (§ 2106 Abs. 1 BGB), gegebenenfalls aber auch zu einem früheren Zeitpunkt (z.B. mit der Widerverheiratung des überlebenden Ehegatten). Der Erblasser ist also gemäß § 2106 Abs. 1 BGB frei in der Wahl des Zeitpunktes, wann das Erbe vom Vorerben auf den Nacherben übergehen soll. Ist vom Erblasser kein Zeitpunkt bestimmt, so geht die Erbschaft mit dem Tod des Vorerben auf den Nacherben über. Hier gibt es jedoch nach dem Gesetz eine zeitliche Beschränkung. Nach § 2109 BGB wird die Einsetzung eines Nacherben mit dem Ablauf von 30 Jahren unwirksam, wenn der Vorerbe noch leben sollte. Wenn es in 30 Jahren somit nicht zum Nacherbe gekommen ist, hat der Nacherbe kein Anrecht mehr auf das Nacherbe. Dies kann jedoch in der letztwilligen Verfügung ausgeschlossen werden, „wenn die Nacherbfolge für den Fall angeordnet ist, dass in der Person des Vorerben oder des Nacherben ein bestimmtes Ereignis eintritt, und derjenige, in dessen Person das Ereignis eintreten soll, zu Zeit des Erbfalls lebt" [12] oder „wenn dem Vorerben oder einem Nacherben für den Fall, das ihm ein Bruder oder eine Schwester geboren wird, der Bruder oder die Schwester als Nacherbe bestimmt ist" [13].Der Vorerbe wird zwar Eigentümer des Nachlasses und kann grundsätzlich über die Nachlassgegenstände verfügen (§ 2112 BGB), er unterliegt jedoch auch diversen Beschränkungen. So kann der Vorerbe insbesondere über Grundstücke und Grundstücksrechte nicht ohne Zustimmung des Nacherben verfügen. Sollte dies trotzdem geschehen, sind Verfügungen des Vorerben beim späteren Nacherbfall dem Nacherben gegenüber unwirksam (§ 2113 Abs. 1 BGB). Ferner sind alle unentgeltlichen Verfügungen des Vorerben unwirk-

---

[12] § 2109 Abs. 1 Satz 2 Nr. 1 BGB
[13] § 2109 Abs. 1 Satz 2 Nr. 2 BGB

sam, ausgenommen hiervon sind die so genannten Anstands-
schenkungen[14] (§ 2113 Abs. 2 Satz 2 BGB). Der Erblasser kann
den Vorerben von gewissen Beschränkungen freistellen[15]. Setzt
der Erblasser den Nacherben auf das ein, was von der Erbschaft
beim Eintritt der Nacherbfolge übrig bleibt, spricht man vom so
genannten befreiten Vorerben (§ 2137 BGB). Dem Vorerben, dem
in jeden Fall die Nutzung der Erbschaft zusteht, obliegt es nach
§ 2124 BGB, die gewöhnliche Erhaltungskosten zu tragen und
das Erbschaftsvermögen dem Nacherben bei Eintritt des Nacherbfalls in ordnungsgemäßen Zustand herauszugeben (§ 2130
BGB).

Durch die Anordnung von Vor- und Nacherbschaft kommen die
Erben erst in zeitlicher Folge zum Zuge. Der Nacherbe erbt zwar
erst nach dem Vorerben, aufgrund der gesetzlichen Vorgaben erbt
er aber nicht vom Vorerben, sondern vom Erblasser. Die gesetzliche Fiktion bewirkt, dass bei Tod des Vorerben oder beim Eintritt
des Nacherbfalls der Nachlass vom Vorerben auf den Erblasser
zurückfällt und in der Folge vom Erblasser an den Nacherben gelangt.

3.1.5.3 Ersatzerbschaft

Die Ersatzerbschaft ist von der Vor- und Nacherbschaft zu unterscheiden. Besonders wichtig ist die Einsetzung eines Ersatzer-
ben (§ 2096 BGB) für den Fall, dass der eigentlich eingesetzte Erbe vor dem Erblasser verstirbt oder nach dem Erbfall die Erbschaft ausschlägt mit der Folge, dass der Ausschlagende gemäß
§ 1953 Abs. 1 BGB für die Erbfolge nicht berücksichtigt wird. „Ist

---

14 Hierzu zählen z.B. Geburtstags-, Weihnachtsgeschenke oder Geschenke
     zum Hochzeitstag.
15 Nicht jedoch hinsichtlich unentgeltlicher Verfügungen.

jemand für den Fall, dass der zunächst berufene Erbe nicht Erbe sein kann, oder für den Fall, dass er nicht Erbe sein will, als Ersatzerbe eingesetzt, so ist im Zweifel anzunehmen, dass er für beide Fälle eingesetzt ist" (§ 2097 BGB).

3.1.5.4 Vermächtnis

Gemäß § 1939 BGB kann der Erblasser durch letztwillige Verfügung einer Person einen Vermögensvorteil einräumen, ohne sie als Erben einzusetzen.

Während der Erbe unmittelbar am ganzen Vermögen des Erblassers beteiligt ist, hat der Vermächtnisnehmer nur einen schuldrechtlichen Anspruch (§ 2174 BGB) auf Erfüllung der in der letztwilligen Verfügung bezeichneten Zuwendung. Bei der Anordnung eines Vermächtnisses unterliegt der Erblasser keinen wertmäßigen Beschränkungen. Es kann sich auch um einen sehr wertvollen Gegenstand handeln, der den größten Teil des Nachlasses ausmacht.

Der Erblasser kann auch dem Erben ein Vermächtnis zuwenden. Ein derartiges Vorausvermächtnis (§ 2150 BGB) muss sich der Erbe dann nicht auf seinen Erbteil anrechnen lassen. Der Erblasser muss die Person des Vermächtnisnehmers in seiner letztwilligen Verfügung noch nicht abschließend festlegen. Es reicht gemäß § 2151 BGB aus, wenn er den Personenkreis bestimmt und die endgültige Auswahl einer anderen Person überlässt, die dann entscheidet, wer das Vermächtnis bekommt.

Gegenstand des Vermächtnisses kann, wie oben schon erwähnt, jeder Vermögensgegenstand sein. So kann der Erblasser festlegen, dass dem Vermächtnisnehmer bestimmte bewegliche oder unbewegliche Gegenstände zu übereignen sind, eine bestimmte Geldsumme aus dem Nachlass zu zahlen ist, eine Forderung zu übertragen ist, Schulden erlassen werden oder ein bestimmtes Nutzungsrecht eingeräumt wird. Der Gegenstand des Vermächtnisses muss dabei vom Erblasser selbst nicht genau bestimmt werden, so, wie oben genannt, die Person nicht bestimmt werden muss. Dies kann der Erblasser auch dem Ermessen eines Dritten überlassen, die das Vermächtnis zu erfüllen hat (Zweckvermächtnis § 2156 BGB). Der Vermögensvorteil kann auch zeitlich befristet oder vom Eintritt eines bestimmten Ereignisses abhängig gemacht werden.

Nach § 2147 BGB muss das Vermächtnis vom Beschwerten, also im Regelfall vom Erben, erfüllt werden. Der Erblasser kann aber auch ein Untervermächtnis (§ 2186 BGB) anordnen, das den Vermächtnisnehmer beschwert. Die Erfüllung des Vermächtnisses ist regelmäßig mit dem Tod des Erblassers sofort fällig. Der Vermögensgegenstand fällt dem Vermächtnisnehmer nicht automatisch zu. Die in besonderer Weise bedachte Person muss vielmehr ihren Vermächtniserfüllungsanspruch gegen den Beschwerten geltend machen und durchsetzen. Die Durchsetzung muss notfalls gerichtlich erfolgen.

Der Vermächtnisnehmer muss – sofern der Erblasser keine anders lautende Anordnung getroffen hat – die auf dem vermachten Gegenstand ruhenden Belastungen, wie z.B. Pfandrechte, Nießbrauch, übernehmen (§ 2165 BGB). Gehört der Vermächtnisnehmer zum Kreis der Pflichtteilsberechtigten, so kann er das Vermächtnis ausschlagen und seinen Pflichtteil verlangen (§2307 Abs. 1 Satz 1 BGB). Schlägt er nicht aus, muss er sich den Wert des Vermächtnisses auf seinen Anspruch aus dem Pflichtteil anrechnen lassen (§ 2307 Abs. 1 Satz 2 BGB).

Das BGB kennt verschiedene Vermächtnisarten. Es gibt gesetzliche Vermächtnisse wie bspw. das Vorausvermächtnis nach § 1932 BGB oder der Dreißigste[16] nach § 1969 BGB.

Das Vorausvermächtnis im Sinne des § 2150 BGB liegt vor, wenn dem Erben – ohne Anrechnung auf die Erbquote – ein Einzelgegenstand zugewandt wird, er den anderen Erben gegenüber jedoch nicht ausgleichspflichtig ist. Hingegen ist ein Verschaffungsvermächtnis die letztwillige Zuwendung von Gegenständen, die zum Zeitpunkt des Erbfalls nicht zum Nachlass gehören (§ 2169 BGB). Aus der letztwilligen Verfügung muss als Wirksamkeitsvoraussetzung eines derartigen Vermächtnisses hervorgehen, dass das Vermächtnis auch dann gelten soll, wenn der Gegenstand nicht zur Erbschaft gehört. In diesem Fall hat der Beschwerte dem Bedachten diese Rechte zu verschaffen, bei Sachen mit Zubehör, und diese Sachen zu übergeben (§§ 2170 Abs. 1, 2182, 433 Abs. 1 BGB).

Ein Vorvermächtnis ist gegeben, wenn ein bestimmter Nachlassgegenstand zunächst dem Vorvermächtnisnehmer zugewendet wird und dann an den Nachvermächtnisnehmer übertragen wird (§ 2151 BGB). Wird der Vermächtnisnehmer nur ersatzweise bedacht für den Fall, dass der zunächst Bedachte das Vermächtnis nicht erwirbt, handelt es sich um ein Ersatzvermächtnis. Über die oben genannten Vermächtnisse hinaus gibt es noch folgende besondere Vermächtnisarten: Alternativ-, Wahl-, Gattungs-, Zweck-, Forderungs-, Unter- und Rückvermächtnisse, Stück- und Verschaffungsvermächtnisse[17].

Hat der Erblasser ein Wahlvermächtnis angeordnet, so hat der Vermächtnisnehmer nach seiner Wahl oder nach der des Be-

---

[16] Siehe Kapitel „Dreißigster"
[17] Vgl. Lehrbuch der Erbschaftsteuer, S. 43

schwerten oder eines Dritten den Anspruch auf einen oder anderen vom Erblasser bestimmten Gegenstand (§ 2154 BGB).

Beim Gattungsvermächtnis braucht der Erblasser die vermachte Sache nur nach Gattung und Menge zu bestimmen. Der häufigste Unterfall des Gattungsvermächtnisses ist das Geldvermächtnis. Es kann auf eine bestimmte Summe oder auf den Bruchteil des Nachlasses lauten. Beim sog. Zweckvermächtnis braucht der Erblasser nur den Zweck, z.b. die Inneneinrichtung eines Hauses, zu bestimmen, dem die Leistung des Beschwerten dienen soll. Beim Stückvermächtnis hat der Erblasser einen bestimmten Gegenstand oder alle Gegenstände eines bestimmten Sach- oder Vermögensbegriffs vermacht, die beim Erbfall zum Erbe gehören. Ist Inhalt des Vermächtnisse die Übertragung eines bestimmten Gegenstandes, so ist die Verfügung unwirksam, soweit dieser Gegenstand beim Erbfall nicht zum Erbe gehört, auch wenn dieser Gegenstand durch letztwillige Verfügung zugewandt sein sollte (§ 2169 Abs. 1 BGB). Nach § 2160 BGB ist das Vermächtnis unwirksam, wenn der Bedachte zum Zeitpunkt des Erbanfalls nicht mehr lebt. Es ist somit nicht wie ein Erbe vererbbar.

3.1.5.5 Auflage

Der Erblasser kann durch letztwillige Verfügung den Erben oder einen Vermächtnisnehmer zu einer Leistung verpflichten, ohne einem anderen das Recht auf eine Leistung zuzuwenden (§ 1940 BGB). Auch wenn ein etwa Begünstigter keinen Rechtsanspruch auf die Leistung hat, enthält die Auflage eine echte Verpflichtung für den Beschwerten; der Vollzug der Auflage kann nach § 2194 BGB von bestimmten dritten Personen verlangt werden.

3.1.5.6 Testamentsvollstrecker

Der Erblasser kann durch seine letztwillige Verfügung einen oder mehrere Testamentsvollstrecker ernennen (§ 2197 Abs. 1 BGB). Einen Ersatztestamentvollstrecker kann der Erblasser für den Fall ernennen, dass der ernannte Testamentsvollstrecker vor oder nach der Annahme des Amtes wegfällt (§ 2197 Abs. 2 BGB). Gemäß § 2198 BGB kann der Erblasser auch bestimmen, dass ein Dritter den Testamentsvollstrecker benennen soll.

Der Testamentsvollstrecker muss nach § 2202 Abs. 1 BGB das Amt annehmen. Nach dieser Annahme beginnt das Amt des Testamentsvollstreckers. Der Testamentsvollstrecker hat die Aufgabe, die letztwillige Verfügungen des Erblassers zur Ausführung zu bringen, den Nachlass zu verwalten und bei einer Erbengemeinschaft gegebenenfalls die Auseinandersetzung unter ihnen vorzunehmen (§§ 2203 ff. BGB). Von gesetzlichen Ausnahmen abgesehen[18], kann der Erblasser die Befugnisse des Testamentsvollstreckers frei bestimmen. Über Nachlassgegenstände, die der Verwaltung des Testamentsvollstreckers unterliegen, kann der Erbe nicht verfügen (§ 2211 BGB). Der Testamentsvollstrecker kann allerdings gemäß § 2205 Satz 2 BGB den Nachlass in Besitz nehmen und über ihn verfügen.

Um seine Aufgaben ordnungsgemäß erfüllen zu können, kann der Testamentsvollstrecker, der nicht durch das Nachlassgericht überwacht wird, Verbindlichkeiten für den Nachlass eingehen

---

[18] § 2220 BGB: „Der Erblasser kann den Testamentsvollstrecker nicht von den ihm nach den §§ 2215, 2216, 2218, 2219 obliegenden Verpflichtungen befreien." Hierzu zählen die Befreiung der Pflicht zur Aufstellung eines Nachlassverzeichnisses (§ 2215 BGB), die Pflicht zur ordnungsgemäßen Verwaltung des Nachlasses und zur Befolgung von Anordnung (§ 2216 BGB), die Pflicht zur Rechnungslegung und Rechtsverhältnis zum Erben (§ 2218 BGB) und die Pflicht zur Haftung durch den Testamentsvollstrecker (§ 2219 BGB).

(§ 2206 BGB). Bei seinen Handlungen muss sich der Testamentsvollstrecker als solcher bezeichnen, um sich nicht persönlich
haftbar zu machen. Die Testamentsvollstreckung endet, wenn der
Testamentsvollstrecker die ihm zugewiesene Aufgaben erledigt
hat, spätestens jedoch 30 Jahre nach dem Erbfall (§ 2210 BGB).

3.1.5.7 Erbverzicht

„Verwandte sowie der Ehegatte des Erblassers können durch
Vertrag mit dem Erblasser auf ihr gesetzliches Erbrecht verzich-
ten" (§ 2346 Abs. 1 Satz 1 BGB). Nach § 2346 Abs. 1 Satz 2 BGB
sind sie somit von der gesetzlichen Erbfolge ausgeschlossen. Eine
Beschränkung auf den Pflichtteil ist nach § 2346 Abs. 2 BGB
möglich.

Der Erbverzicht ist ein erbrechtliches Verfügungsgeschäft, das
einen zukünftigen Erwerb verhindert und meistens mit einer Gegenleistung des Erblassers verbunden ist. Der Erbverzicht kann
sich vollumfänglich auf das Erbrecht beziehen, er kann auch auf
einen Bruchteil der Erbschaft beschränkt werden. Der Vertrag
auf Erbverzicht bedarf nach § 2348 BGB der notariellen Beurkundung. Ohne besondere Regelung im Verzichtsvertrag erstreckt
sich der Verzicht auch auf die Abkömmling des Verzichtenden
(§ 2349 BGB)[19].

3.2 Schenkung[20]

Bei Schenkungen muss nach Schenkungen unter Lebenden,
Schenkungen von Todes wegen, Vertrag zugunsten Dritter und
unbenannten Zuwendungen unterschieden werden.

---

19 Vgl. Lehrbuch der Erbschaftsteuer, S. 47
20 Vgl. Lehrbuch der Erbschaftsteuer, S. 54 ff.

3.2.1 Schenkung unter Lebenden

Eine Zuwendung, durch die jemand aus seinem Vermögen einen anderen bereichert, ist eine Schenkung, wenn beide Teile darüber einig sind, dass die Zuwendung unentgeltlich erfolgt (§ 516 Abs. 1 BGB). Die Schenkung ist ein Vertrag, durch den der Schenker aus seinem Vermögen einen anderen unentgeltlich etwas zuwendet. Neben dem Schenkungsversprechen ist dessen Annahme durch den Beschenkten erforderlich. Zur Gültigkeit eines Vertrages, durch den eine Leistung schenkweise versprochen wird, ist zwar die notarielle Beurkundung des Versprechens Wirksamkeitsvoraussetzung (§ 518 Abs. 1 Satz 1 BGB), doch da in der Praxis diese Beurkundung häufig unterbleibt, regelt § 518 Abs. 2 BGB, dass der Mangel der Form durch die Bewirkung der versprochenen Leistung geheilt wird.

Eine Schenkung kann mit Auflagen verbunden sein. Wer eine Schenkung unter einer Auflage macht, kann die Vollziehung der Auflage verlangen, wenn er seinerseits geleistet hat (§ 525 Abs. 1 BGB). Obwohl die Auflage eine Leistungsverpflichtung des Beschenkten darstellt, ist in der Erfüllung der Auflage keine Bedingung für die Verpflichtung des Schenkers zu sehen.

Nach § 527 Abs. 1 BGB hat der Schenker unter bestimmten Voraussetzungen einen Rückforderungsanspruch, wenn bei einer Schenkung unter Auflage die Auflage nicht vollzogen wird. Dies ist unter anderem dann der Fall, wenn die Nichtvollziehung der Auflage auf ein vorsätzliches oder fahrlässiges Verhalten des Beschenkten zurückzuführen ist. Der Schenker ist zur Rückforderung des geschenkten Gegenstands berechtigt, wenn er nach Vollziehung der Schenkung außerstande ist, seinem angemessenen Lebensunterhalt zu bestreiten sowie die ihm seinen Verwandten, seinem Ehegatten oder seinem früheren Ehegatten gegenüber obliegende Unterhaltspflicht zu erfüllen (§ 528 Abs. 1 Satz 1 BGB). Der Schenker kann die Schenkung widerrufen, wenn sich der Beschenkte durch eine schwere Verfehlung des groben Undanks schuldig macht (§ 530 Abs. 1 BGB).

Die Übertragung des Vermögens (oder eines wesentlichen Teils davon) durch den künftigen Erblasser auf einen präsumtiven Erben wird als vorweggenommene Erbfolge bezeichnet. Bürgerlich-rechtlich ist in der vorweggenommenen Erbfolge eine Schenkung im Sinne des § 516 BGB zu sehen, soweit die Beteiligten darüber einig sind, dass die Zuwendung unentgeltlich erfolgt.

3.2.2 Schenkungen wegen Tod

Auf ein Schenkungsversprechen, welches unter der Bedingung erteilt wird, dass der Beschenkte den Schenker überlebt, finden die Vorschriften über Verfügungen von Todes wegen Anwendung (§ 2301 Abs. 1 Satz 1 BGB). Dies hat zur Folge, dass ein derartiges Schenkungsversprechen, das einer Erbeinsetzung oder einem Vermächtnis ähnelt, den erbrechtlichen Formvorschriften unterliegt. Vollzieht der Schenker die Schenkung durch Leistung des zugewendeten Gegenstands, so finden die Vorschriften über Schenkungen unter Lebenden Anwendung (§ 2301 Abs. 2 BGB).

3.2.3 Vertrag zugunsten Dritter

Bestimmt der Erblasser in einem Vertrag, dass nach seinem Tod eine bestimmte Leistung an einem Dritten zu erbringen ist, handelt es sich um einen so genannten Vertrag zugunsten Dritter im Sinne des § 328 BGB. Der Begünstigte, der das Recht auf die Leistung erst mit dem Tod des Erblassers erlangt, erhält die vertragliche Leistung unmittelbar. Das bedeutet, dass er die Leistung nicht aus dem gesamten Nachlass erhält. Dieses hat zum Vorteil, dass der Begünstigte sich nicht mit einer eventuellen Erbengemeinschaft kurzschließen muss und nicht in eventuelle Erbstreitigkeiten eingebunden wird. Folglich kann auch ein Erbe mit einem derartigen Recht bedacht werden, und zwar unabhängig von seinem Erbteil.

3.2.4 Unbenannte Zuwendungen

Bei Zuwendungen unter Ehegatten, denen keine unmittelbare Gegenleistungen gegenüberstehen, ist die Frage zu beantworten, ob es sich um eine Schenkung oder eine (ehebedingte) Zuwendung handelt. Die Rechtsfigur der unbenannten Zuwendung unter Ehegatten entstammt der zivilrechtlichen Literatur und Rechtssprechung und ist Ausfluss des Streits um die Rückgängigmachung von Vermögensübertragungen nach dem Scheitern einer Ehe. Der BGH vertritt hierzu die Auffassung, dass auch unbenannte Zuwendungen unter Ehegatten regelmäßig objektiv unentgeltlich stattfinden und erbrechtlich wie eine Schenkung zu behandeln sind, da die Annahme einer Gegenleistung weder durch ehebezogene Motive noch durch die häufig beabsichtigte Vorwegnahme des Zugewinnausgleichs ohne weiteres zu rechtfertigen ist.

3.3 Betriebsvermögen

Nach § 95 Abs. 1 Satz 1 BewG ist das Betriebsvermögen wie folgt definiert: „Das Betriebsvermögen umfasst alle Teile eines Gewerbebetriebs im Sinne des § 15 Abs. 1 und 2 des Einkommensteuergesetzes, die bei der steuerlichen Gewinnermittlung zum Betriebsvermögen gehören."

Die Bewertungsgrundsätze für das Betriebsvermögen sind in § 98a Satz 1 BewG verankert: „Der Wert des Betriebsvermögens wird in der Weise ermittelt, dass die Summe der Werte, die für die zu dem Gewerbebetrieb gehörenden Wirtschaftsgüter und sonstigen aktiven Ansätze (Rohbetriebsvermögen) ermittelt worden sind, um die Summe der Schulden und sonstigen Abzüge (§ 103) gekürzt wird."

Zur Bewertung des Betriebsvermögens im steuerlichen Hinblick muss § 109 Abs. 1 BewG beachtet werden. „Die zu einem Gewerbebetrieb gehörenden Wirtschaftsgüter, sonstigen aktiven Ansätze, Schulden und sonstigen passiven Ansätze sind bei Steuerpflichtigen, die ihren Gewinn nach § 4 Abs. 1 oder § 5 des Einkommensteuergesetzes ermitteln, mit den Steuerbilanzwerten anzusetzen."

3.4 vorweggenommene Erbfolge

Der Begriff der vorweggenommenen Erbfolge ist gesetzlich nicht definiert. Nach der Begriffsbestimmung im BGH-Urteil vom 30.01.1991[21], die der BFH im Urteil vom 08.12.1993[22] übernommen hat, ist darunter die „Übertragung des Vermögens (oder eines wesentlichen Teils davon) durch den (künftigen) Erblasser auf einen oder mehrere als (künftige) Erben in Aussicht genommene Empfänger" zu verstehen. Diese Definition, die in erster Linie auf die Motive des Vermögensübergebers und seine Nachfolgeplanung abstellt, ermöglicht indes weder eine sichere dogmatische Einordnung, noch eine genaue Abgrenzung der Vertragsgestaltungen, die einem vorweggenommenen Generationswechsel dienen. Da es sich um Rechtsgeschäfte unter Lebenden handelt, die weder erbrechtlichen Regeln unterliegen, noch an bestimmte Vertragstypen gebunden sind, können die Beteiligten ihre Vertragsfreiheit nutzen, um eine ihren Verhältnissen und Absichten entsprechende Regelung zu wählen. Für den Bereich der Schenkungsteuer hat der Begriff ohnehin keine besondere Bedeutung

---

21 IV ZR 299/89, NJW 1991, 1345
22 II R 61/89, BFH/NV 1994, 373

mehr, nachdem der Steuergesetzgeber in Reaktion auf das – diesen Begriff restriktiv interpretierende – BFH-Urteil vom 25.01.2001 II R 52/98[23] mit dem StÄndG 2001[24] das Merkmal der vorweggenommenen Erbfolge aus dem Begünstigungstatbestand des § 13a Abs. 1 ErbStG gestrichen und (rückwirkend zum 01.01.1996) durch das Merkmal „Schenkung unter Lebenden" ersetzt hat.

---

[23] BStBl II 2001, 414
[24] vom 20.12.2001, BGBl I 2001, 3794

4. Besonderheiten unter Ehegatten

Außer den Verwandten des Erblassers hat auch der Ehegatte ein gesetzliches Erbrecht. Die Höhe des gesetzlichen Erbteils von Verwandten ändert sich somit, wenn der Erblasser verheiratet war und der Ehegatte noch lebt.

4.1 „Voraus"

Jeder überlebende Ehegatte, der gesetzlicher Erbe wird – also nicht in einer letztwilligen Verfügung bedacht wurde –, erhält vorab und zusätzlich zu seinem Erbteil den so genannten Voraus (§ 1932 BGB). Das sind die zum Haushalt gehörenden Gegenstände wie zum Beispiel Möbel, Teppiche, Haushaltsgeräte, Bücher, Bilder (soweit sie nicht Teil einer Kunstsammlung sind) und auch das gemeinsam genutzte Familienauto. Nicht zum Voraus gehören Gegenstände, die dem persönlichen Gebrauch des Verstorbenen dienten, wie etwa Schmuck oder ein rein beruflich genutztes Auto. Zum Voraus gehören auch die Hochzeitsgeschenke.

Vorraussetzung ist aber immer, dass der überlebende Ehegatte gesetzlicher Erbe ist. Der Voraus entfällt also, wenn der überlebende Ehegatte in einer letztwilligen Verfügung bedacht ist und auch, wenn er die Erbschaft ausschlägt. Gegenüber Abkömmlingen – auch solchen aus anderen Ehen – ist der Voraus eingeschränkt auf diejenigen Gegenstände, die der überlebende Ehegatte „zur Führung eines angemessenen Haushalts benötigt" (§ 1932 BGB). Was zum Voraus gehört, hängt also auch von den bisherigen Lebensverhältnissen der Ehegatten ab.

4.2 „Dreißigster"

Gemäß § 1969 BGB hat jeder Familienangehörige, der zum Hausstand des Erblassers gehört und von ihm Unterhalt bezogen hat, einen gegen die Erben gerichteten Anspruch auf Unterhalt und Wohnungsnutzung für eine Dauer von 30 Tagen ab dem Erbfall. Dieser Anspruch steht nach der Rechtssprechung auch dem nichtehelichen Lebensgefährten zu.

4.3 Scheidung der Ehegatten

Das Erbrecht des Ehegatten setzt immer eine rechtsgültige Ehe voraus. Es gilt somit nicht für Geschiedene. Wer geschieden ist, hat am Nachlass des verstorbenen Ex-Ehepartners keinen Anteil mehr.

Schwieriger ist die Rechtslage während eines laufenden Scheidungsverfahrens, also dann, wenn der Todesfall noch vor der Scheidung eingetreten ist. Hatte nur der überlebende Ehegatte einen Scheidungsantrag gestellt, der oder die Verstorbene aber nicht und hatte der oder die Verstorbene dem Scheidungsantrag auch nicht zugestimmt, so gilt das volle Erbrecht des überlebenden Ehegatten fort, ganz so, als hätte die Ehe weiter bestanden.

Hatte aber der Verstorbene selbst die Scheidung beantragt oder dem Scheidungsantrag des Ehegatten zugestimmt und lagen auch die Voraussetzungen für eine Scheidung vor, so ist der überlebende Ehegatte vom Erbrecht ausgeschlossen (§ 1933 BGB). In solchen Fällen muss geprüft werden, ob die Ehe tatsächlich geschieden worden wäre, wenn der Erblasser noch lebte.

Die Einzelheiten des Scheidungsrechts können also bei der Frage, ob in solchen Fällen ein Erbrecht des überlebenden Ehegatten besteht, eine entscheidende Rolle spielen. Zu beachten ist auch, dass nach einer Scheidung zwar das gesetzliche Erbrecht des Ehegatten entfällt, das Erbrecht nach gemeinsamen Kindern als Erbe oder Erbin zweiter Ordnung aber bestehen bleibt. Wenn dies nach einer Scheidung verhindert werden soll, so muss dies durch eine letztwillige Verfügung geregelt werden.

4.4 Höhe des Erbteils

Die Höhe des Erbteils, die Erbquote, des überlebenden Ehegatten kann unterschiedlich ausfallen. Sie richtet sich zum einen danach, ob Verwandte des Verstorbenen ebenfalls erben, und welche Verwandten dies sind. Zum anderen ist sie abhängig davon, in welchem Güterstand die Eheleute gelebt haben.

Nach dem Gesetz erbt der Ehegatte neben den Verwandten der ersten Ordnung ein Viertel des Nachlasses (§ 1931 BGB). Neben den Verwandten der zweiten Ordnung und neben Großeltern erbt der überlebende Ehegatte die Hälft der Erbschaft. Wenn ein Großelternteil nicht mehr lebt oder aus einem anderen Grund nicht Erbe wird, also an sich die Abkömmlinge dieses Großelternteils erbberechtigt wären, erhält der überlebende Ehegatte zusätzlich deren Anteil.

Sind weder Verwandte der ersten noch der zweiten Ordnung noch Großeltern vorhanden, ist der überlebende Ehegatte Alleinerbe.

4.5 Bedeutung des Güterstands

Die Erbquote des überlebenden Ehegatten ist ferner abhängig davon, in welchem Güterstand die Eheleute im Zeitpunkt des Todes des Erblassers gelebt haben.

Gesetzlicher Güterstand ist nach dem geltenden Recht die Zugewinngemeinschaft. Durch eine Vereinbarung vor einem Notar in einem Ehevertrag die Gütertrennung oder die Gütergemeinschaft vereinbart werden. Sie ist auch noch während der Ehe möglich.

4.5.1 Zugewinngemeinschaft

Lebten die Eheleute beim Tod des Verstorbenen in Zugewinngemeinschaft, gelten für das gesetzliche Erbrecht des überlebenden Ehegatten eine Reihe von Besonderheiten. Aufgrund der Komplexität sind zunächst Erklärungen bezüglich der Zugewinngemeinschaft notwendig. Eine Zugewinngemeinschaft bedeutet, dass die Vermögen der Eheleute grundsätzlich getrennt bleiben. Nur was während der Ehe erarbeitet worden ist, wird nach Auflösung der Ehe – also auch durch Tod des Ehegatten – geteilt.

Das wiederum heißt: das Vermögen jedes einzelnen Ehegatten wird selbstständig vererbt. Die Zugewinngemeinschaft zielt also auf die Teilung dessen ab, was während der Ehe gemeinsam erarbeitet worden ist. Nach einer Scheidung wird dies genau berechnet. Beim Tod eines Ehegatten hingegen hat das Gesetz eine sehr viel einfachere Lösung vorgesehen, sofern der oder die Überlebende gesetzlicher Erbe bzw. Erbin wird. In diesem Fall erfolgt der Zugewinnausgleich dadurch, dass sich der gesetzliche Erbteil des Ehegatten um ein Viertel erhöht (§ 1371 BGB).

Das bedeutet: ein Ehegatte, der neben Kindern und Enkeln des Verstorbenen ohnehin ein Viertel als gesetzlicher Erbe bekommt, bekommt als Zugewinnausgleich noch ein weiters Viertel dazu, sein Erbteil beträgt also die Hälfte der Erbschaft. War die Ehe kinderlos, erhält er neben Erben der zweiten Ordnung und neben Großeltern drei Viertel, neben entfernteren Verwandten erbt er allein.

Diese pauschalisierte Aufstockung des gesetzlichen Erbteils des überlebenden Ehegatten um ein Viertel ist unabhängig davon, ob während der Ehe wirklich ein Zugewinn und ob er beim Verstorbenen entstanden ist. Das ist für den Durchschnittsfall einer langjährigen Ehe oftmals auch richtig und dürfte dem mutmaßlichen Willen des oder der Verstorbenen entsprechen.

Problematisch ist die Pauschalisierung, wenn die Ehe nur kurz gedauert und der oder die Verstorbene ein größeres Vermögen mit in die Ehe eingebracht hat. Problematisch ist sie auch dann, wenn der oder die Überlebende den größeren Zugewinn erwirtschaftet hat. In diesen Fällen erhält der Überlebende den pauschalierten erbrechtlichen Zugewinn für etwas, wofür der Erblasser selbst praktisch keine Leistung erbracht hat.

Zudem beeinträchtigt der erbrechtliche Zugewinnausgleich die Interessen der Kinder aus einer früheren Ehe und von nichtehelichen Kindern. Denn ein Teil der Erbschaft geht an den (neuen) überlebenden Ehegatten und wird damit Kindern aus früheren Ehen entzogen.

Die Interessen der Kinder des Erblassers, die nicht aus der Ehe mit dem überlebenden Ehegatten stammen, werden aber auch vom Gesetz selbst geschützt: der überlebende Ehegatte muss diesen Stiefkindern aus seinem zusätzlichen Viertel eine Ausbildung zahlen (§ 1371 Abs. 4 BGB). Der Anspruch ist begrenzt auf das zusätzliche erbrechtliche Zugewinnausgleichsviertel und besteht nur dann, wenn das Stiefkind bedürftig ist, die Ausbildung also nicht aus eigenen Mitteln oder seinem Erbteil zahlen kann.

Der pauschalisierte erbrechtliche Zugewinnausgleich kann unter Umständen für den überlebenden Ehegatten „unter dem Strich" weniger bringen: wenn nach einer langjährigen Ehe praktisch das ganze Vermögen Zugewinn des Verstorbenen ist, beträgt der konkret errechnete Zugewinn ohnehin die Hälfte des hinterlassenen Vermögens, also genau das, was dem überlebenden Ehegatten neben Kindern als gesetzlicher Erbteil zusteht.

4.5.2 Gütertrennung

Bei Gütertrennung findet kein Zugewinnausgleich statt. Auch die pauschale Erhöhung des Erbteils des überlebenden Ehegatten um ein Viertel gibt es dann nicht.

Dafür gilt eine andere Besonderheit: wenn neben dem überlebenden Ehegatten ein oder zwei Kinder des Erblassers erbberechtigt sind, erben alle zu gleichen Teilen. Neben einem Kind erbt die

Witwe oder der Witwer also die Hälfte, neben zwei Kindern jeder ein Drittel. Neben drei oder mehr Kindern erbt der überlebende Ehegatte immer ein Viertel, die Kinder teilen sich das verbleibende Erbe. Lebt ein Kind nicht mehr, so treten an seine Stelle – falls vorhanden – seine Abkömmlinge. Zu den Kindern des Erblassers zählen auch seine Kinder aus früheren Ehen und seine nichtehelichen Kinder. Neben den anderen Verwandten bleibt es bei der gesetzlichen Erbfolge.

4.5.3 Gütergemeinschaft

Im Falle der Gütergemeinschaft (§ 1415 BGB) ist eine Differenzierung nach Vermögensmassen geboten. Das Vermögen des Mannes und das Vermögen der Frau werden durch die Gütergemeinschaft gemeinschaftliches Vermögen beider Ehegatten (Gesamtgut). Zum Gesamtgut gehört auch das Vermögen, das der Mann oder die Frau während der Gütergemeinschaft erwirbt (§ 1416 Abs. 1 Satz 2 BGB). Neben dem Gesamtgut bestehen zivilrechtliche Vorgaben über das Sondergut (§ 1417 BGB) sowie das Vorbehaltsgut (§ 1418 BGB).

Auch die Gütergemeinschaft muss durch einen Ehevertrag vereinbart worden sein. Erbrechtlich bestehen keine Besonderheiten. Es bleibt beim gesetzlichen Erbrecht des überlebenden Ehegatten ohne Zugewinnausgleich, also auch ohne erhöhtes gesetzliches Erbrecht. Meist wird in diesen Fällen im Ehevertrag zusätzlich vereinbart, dass die Gütergemeinschaft auch nach dem Tod eines Ehegatten zwischen der oder dem Überlebenden und den gemeinschaftlichen Kindern fortgesetzt werden soll (fortgesetzte Gütergemeinschaft). Dann wird das gesamte Vermögen, das die Eheleute gemeinsam besessen haben (Gesamtgut), nicht vererbt, sondern bleibt gemeinschaftliches Eigentum des überlebenden Ehegatten und der gemeinsamen Kinder. Nur diejenigen Vermögenswerte, die dem Verstorbenen allein gehörten, fallen in den Nachlass und werden vererbt.

Die fortgesetzte Gütergemeinschaft hat Vorteile für den überlebenden Ehegatten: er braucht das bisher gemeinschaftliche Vermögen nicht mit seinen Kindern zu teilen und verwaltet es allein. Die Kinder erben erst, wenn auch der überlebende Ehegatte stirbt.

4.6 Gemeinschaftliches Testament

Nach § 2265 BGB kann von Ehegatten ein gemeinschaftliches Testament errichtet werden. Dieses kann als eigenhändiges oder öffentliches Testament ausgestaltet werden. Während es beim eigenhändigen Testament ausreicht, dass einer der Ehegatten das Testament handschriftlich abfasst und unterschreibt, sowie der andere Ehegatte dieses als gemeinschaftliche Erklärung mit unterzeichnet, müssen ein gemeinschaftliches öffentliches Testament beide Ehegatten vor einem Notar erklären.

Eine besondere Form des gemeinschaftlichen Testaments ist das Berliner Testament (§ 2269 BGB). Beim Berliner Testament setzen sich die Ehegatten gegenseitig als Alleinerben ein. Nach dem Tod des Letztversterbenden soll das dann noch vorhandene Vermögen an die Kinder oder andere Erwerber fallen (§ 2269 Abs. 1 BGB).

5. Überblick über das Erbschaftsteuergesetz

5.1 Gegenstand der Erbschaftsteuer

Gegenstand der Erbschaftsteuer (ErbSt) ist nicht nur der Erwerb von Todes wegen, sondern auch der unentgeltliche Übergang von Vermögenswerten auf eine andere Rechtspersönlichkeit. Durch die Beteiligung des Staates am Nachlass über die Erbschaftsteuer greift das Erbschaftssteuergesetz in erheblichem Umfang in das Erbrecht ein. Es steht damit in Kollision zu Art. 14 GG, wonach das private Eigentum und das Erbrecht gewährleistet sind. Die ErbSt und die Besteuerung der sonstigen unentgeltlichen Vermögensübergänge dürfen daher keine konfiskatorische Wirkung haben. Der ErbSt unterliegen gemäß § 1 ErbStG

- der Erwerb von Todes wegen,

- die Schenkung unter Lebenden,

- die Zweckzuwendungen,

- das Vermögen einer Stiftung im Zeitabstand von je 30 Jahren.

Die ErbSt wird von dem Vermögen, das bei Tod einer natürlichen Person oder bei Aufhebung eines Zweckvermögens (Stiftung) auf einen Dritten übergeht erhoben. Es handelt sich hierbei um den Grundtatbestand. Alle anderen Tatbestände sind gewissermaßen Ersatztatbestände.

Durch das Erbschaftsteuerreformgesetz von 1974 ist der Vermögensübergang unter Lebenden durch neue Tatbestände erweitert worden. Das gilt insbesondere für Vermögensübertragungen im Rahmen eines Gesellschaftsverhältnisses. Auch die Erbersatzsteuer der Stiftung ist neu hinzugekommen.

Im Unterschied zum angelsächsischen Recht, dort ist die ErbSt als Nachlasssteuer konzipiert[25], ist die hiesige ErbSt als Erbanfallsteuer ausgestaltet. Es wird also nicht der Nachlass selbst besteuert, sondern die Bereicherung, die dem einzelnen Erwerber aufgrund der Erbschaft oder die Schenkung zufließt. Eine Verteilung des Nachlasses auf möglichst viele Erwerber mindert daher die erbschaftsteuerliche Gesamtbelastung.

Als Erbanfallsteuer ist die ErbSt eine Verkehrssteuer, denn sie besteuert den Vermögensübergang vom Erblasser bzw. Schenker auf den Erben (sonstigen Erwerber) bzw. den Beschenkten. Die ErbSt schließt an Rechtsvorgänge an[26]. Im Hinblick auf die Belastung des Nachlasses (des geschenkten Vermögens) wird die ErbSt mitunter auch als Besitzsteuer bezeichnet. Die ErbSt ist darüber hinaus eine Personensteuer, die vom Vermögen erhoben wird. Die ErbSt wird vielfach auch als letzte Vermögenssteuer des Erblassers bezeichnet, eine Umschreibung, die insoweit nicht zutrifft, als die Steuer nicht beim Erblasser, sondern beim Erben anfällt, soweit dieser durch den Erbanfall bereichert wird. Die Bereicherung des Erben ist Voraussetzung und auch Bemessungsgrundlage für die ErbSt. Das ErbStG ist ein Bundesgesetz, welches aufgrund der Ertragshoheit der Länder der Zustimmung des Bundesrates bedarf. Die Erbschaft- und Schenkungsteuer wird von den Landesfinanzbehörden (Finanzämtern) verwaltet.

---

[25] Vgl. Lehrbuch der Erbschaftsteuer, S. 29
[26] Die ErbSt schließt an einen vorhergegangen Erbfall an, der durch das BGB geregelt ist.

5.2 Verhältnis des Erbschaftsteuerrechts zum Zivilrecht und Auslegung des ErbStG

Die unmittelbare Verweisung des ErbStG auf Vorschriften des bürgerlichen Rechts z.B. in § 3 Abs. 1 ErbStG, wonach der Erwerb durch Erbanfall (§ 1922 BGB), durch Vermächtnis (§§ 2147 ff. BGB) oder aufgrund eines geltend gemachten Pflichtteilsanspruchs (§§ 2303 ff. BGB) als Erwerb von Todes wegen gilt, wirft die Frage nach dem Verhältnis von Erbschaftsteuerrecht zum Zivilrecht auf. Soweit das Erbschaftsteuerrecht unmittelbar an erbrechtlich geregelte Erwerbe anknüpft und diese als Besteuerungsgrundlage behandelt, kann von einer Maßgeblichkeit des Zivilrechts für die Erbschaftsteuer gesprochen werden. Dieser Befund trifft auch für das Verhältnis von Schenkungsteuerrecht und dem Recht der Schenkung im Sinne der §§ 516 ff. BGB zu, so dass auch hier für die Auslegung der im ErbStG verwendeten Begriffe im Grundsatz bürgerliches Recht maßgebend ist. Allerdings kommt eine extensive Auslegung der steuerbegründenden Rechtsvorschriften nicht in Betracht, mit der Folge, dass die Steuerpflicht beim Erwerb von Todes wegen nicht durch Rückgriff auf die wirtschaftliche Betrachtungsweise, also über den Wortsinn des gesetzlichen Tatbestands hinaus, ausgedehnt werden kann.

Mangels Erbschaft im wirtschaftlichen Sinne kommt auch wirtschaftliches Eigentum (§ 39 Abs. 2 Nr. 1 AO) grundsätzlich nicht in Betracht, da dieses Rechtsinstitut Ausdruck der wirtschaftlichen Betrachtungsweise ist und damit im Widerspruch zu den zivilrechtlichen Zurechnungen steht[27]. Folgerichtig bestimmt R 36 Abs. 1 Satz 1 ErbStR, dass für die Zurechnung eines Grund-

---

[27] BFH vom 10.11.1982, BStBl 1983 II S. 116 sowie vom 22.09.1982, BStBl 1983 II S. 179

stücks zum Nachlass bei noch nicht – vollständig – erfüllten Grundstückskaufverträgen der Übergang des Eigentums nach dem zivilrechtlichen Eigentumsbegriff entscheidend ist. Demnach ist der Übergang des wirtschaftlichen Eigentums nicht maßgeblich, insbesondere ist nicht auf den Zeitpunkt des Besitz- und Lastenwechsels abzustellen. Andererseits hat der BFH zur Ausführung von Grundstücksschenkungen eigene schenkungsteuerrechtliche – und damit vom Zivilrecht abweichende – Kriterien benannt.

Auch im Anwendungsbereich des § 7 ErbStG (Schenkung unter Lebenden) besteht – soweit die unmittelbare Bezugnahme auf das bürgerliche Recht reicht (z.B. § 7 Abs. 1 Nr. 4 und Nr. 5 ErbStG) – ein Vorrang des bürgerlichen Rechts. Hingegen ist der Begriff der freigebigen Zuwendung unter Lebenden (§ 7 Abs. 1 Nr. 1 ErbStG) schenkungsteuerrechtlicher Natur; die Auslegung orientiert sich in erster Linie an steuerlichen Gesichtspunkten. Allerdings besteht für den Gesetzgeber ein Gestaltungsspielraum, sich beim Erbschaftsteuerrecht vom Zivilrecht zu lösen und eigene Wege zu bestreiten, wie dies z.B. im Anwendungsbereich des § 15 Abs. 1 a ErbStG[28] geschehen ist.

5.3 Verhältnis zu anderen Steuern

Grundsätzlich ist die Erhebung anderer Steuern neben der ErbSt nicht ausgeschlossen. Der Gesetzgeber hat jedoch diverse Vorkehrungen getroffen, um eine doppelte Besteuerung im Regelfall auszuschließen.

---

[28] Hier geht das ErbStG bei Adoption von einer Verwandtschaft aus, obwohl eine solche zivilrechtlich bereits erloschen ist.

5.3.1 Verhältnis zur Einkommensteuer

Eine klare Differenzierung ist hinsichtlich der Einkommensteuer (ESt) möglich, die zu Lebzeiten des Erblassers entstanden ist. Hatte der Erblasser diese noch zu seinen Lebzeiten entrichtet, korrespondierte hiermit eine Minderung seines Vermögens. Hat andernfalls der Erbe die Einkommensteuerschulden des Erblassers zu entrichten, liegt insoweit eine nach Maßgabe des § 10 Abs. 5 Nr. 1 ErbStG abziehbare Erblasserschuld vor.

Das Problem der Doppelbelastung mit ESt und ErbSt kann sowohl auf der Ebene der Gewinneinkünfte (§ 2 Abs. 2 Nr. 1 EStG) als auch auf der Ebene der Überschusseinkünfte (§ 2 Abs. 2 Nr.2 EStG) auftreten.

Im Rahmen der Gewinneinkünfte ist insbesondere an den Fall zu denken, dass Honorarforderungen eines Freiberuflers, der seinen Gewinn nach § 4 Abs. 3 EStG ermittelt hat, in den Nachlass fallen und der dem Erben zufließende Betrag – als Betriebseinnahme bei Fortführung der freiberuflichen Praxis oder als nachträgliche Betriebseinnahmen im Sinne des § 24 Nr. 2 EStG – einkommensteuerlich neben einem steuerpflichtigen Erwerb nach § 10 ErbStG zu erfassen ist. Zu einer Doppelerfassung kommt es auch in den Fällen, in denen Betriebsvermögen oder wesentliche Beteiligung an Kapitalgesellschaften auf den Erben übergehen und die Veräußerung dieser Vermögenswerte zur Aufdeckung stiller Reserven führt. Bei den Überschusseinkünften erstreckt sich eine Doppelbelastung beispielsweise auf Zahlungseingänge beim Erben, die auf rückständige Lohn- oder Gehaltsforderungen für vom Erblasser geleistete Arbeit zurückzuführen sind.

Steht dem Abzug der ErbSt bei der Einkommensteuerveranlagung der Umstand entgegen, dass es sich insoweit weder um Betriebsausgaben, Werbungskosten, Sonderausgaben oder außergewöhnliche Belastung handelt, verneint der BFH[29] einen Abzug der ESt bei der ErbSt mit Hinweis auf das erbschaftsteuerliche Stichtagprinzip, das die Berücksichtigung noch nicht entstandener Verbindlichkeiten verbiete.

Bei der Jahresversteuerung von Renten und anderen wiederkehrenden Bezügen nach § 23 ErbStG ist eine einkommensteuerliche Berücksichtigung der ErbSt möglich. Hat sich der Erwerber entschieden, die ErbSt nach dem Jahreswert der Bezüge zu entrichten (§ 23 Abs. 1 Satz 1 ErbStG), ist die jährlich anfallende ErbSt nach § 10 Abs. 1 Nr. 1 a ErbStG als Sonderausgabe (dauernde Last) abzugsfähig. Bei Rentenbezügen erfährt die Abzugsfähigkeit der ErbSt eine Einschränkung: hier ist nur der Teil der Steuer abzugsfähig, der auf den der ESt unterliegenden Ertragsanteil entfällt[30].

5.3.2 Verhältnis zur Grunderwerbsteuer

Das GrEStG nimmt den Grundstückserwerb von Todes wegen und Grundstücksschenkungen unter Lebenden im Sinne des ErbStG von der Besteuerung aus (§ 3 Nr. 2 GrEStG). Es besteht ein gesetzessystematischer Vorrang der Erbschaft- und Schenkungsteuer (sog. Prävalenz der ErbSt) vor der GrEStG. Auf eine Anteilsvereinigung bei Kapitalgesellschaften (§ 1 Abs. 3 Nr. 1 und 2 GrEStG) finden die personenbezogenen Befreiungen des § 3 GrEStG keine Anwendung[31].

---

[29] BFH vom 22.12.1976, BStBl 1977 II S. 420 sowie vom 05.07.1978, BStBl 1979 II S. 23
[30] BFH vom 23.02.1994, BStBl 1994 II S. 690
[31] BFH vom 08.06.1988, BStBl 1988 II S. 785

5.4 Erbschaft- und Schenkungsteuer - Verknüpfungsregelungen

Nach Maßgabe des § 1 Abs. 2 ErbStG gelten die Vorschriften über Erwerbe von Todes wegen – soweit nichts anderes bestimmt ist – auch für Schenkungen unter Lebenden. Bei der Besteuerung von Schenkungen unter Lebenden gelten alle Bestimmungen des ErbStG, sofern diese nicht Sachverhalte betreffen, die allein bei Erwerben von Todes wegen vorkommen.

Konkret sind folgende Erbschaftsteuerregelungen auch auf Schenkungsfälle anwendbar:

- § 10 Abs. 4 ErbStG → Herausnahme der Anwartschaft eines Nacherben auch beim Erwerb durch Schenkung unter Lebenden

- § 10 Abs. 8 ErbStG → Verbot der Abzugsfähigkeit der Schenkungsteuer beim Erwerber

- § 13 Abs. 1 Nr. 9 ErbStG → Freibetrag von 5200 Euro für Erwerbe als Entgelt für Pflege- und Unterhaltsleistungen auch bei schenkweiser Einräumung.

Nach R 1 Satz 3 ErbStR sind die folgenden Vorschriften nicht auf Schenkungen anzuwenden:

- zum Abzug von Nachlassverbindlichkeiten (§ 10 Abs. 1 Satz 2 ErbStG)

- zum Pauschbetrag für Erbfallkosten (§ 10 Abs. 5 Nr. 3 Satz 2 ErbStG)

- zum Rückfall von Vermögensgegenständen an die Eltern (§ 13 Abs. 1 Nr. 10 ErbStG)

- zur Steuerklasse der Eltern bei Erwerben von Todes wegen (§ 25 Abs. 1 ErbStG) oder zu Erwerbern aufgrund gemeinschaftlicher Testamente von Ehegatten (§ 15 Abs. 3 ErbStG)

- zum besonderen Versorgungsfreibetrag für den überlebenden Ehepartner oder die Kinder des Erblassers (§ 17 ErbStG)

- zur Haftung von Kreditinstituten (§ 20 Abs. 6 Satz 2 ErbStG)

- zur Steuerermäßigung bei mehrfachem Erwerb desselben Vermögens (§ 27 ErbStG)

Bei Auslegung des § 1 Abs. 2 ErbStG ist auch auf solche Vorschriften hinzuweisen, die Schenkungen unter Lebenden betreffen, und nur in diesen Fällen anwendbar sind. So unterliegt z.B. ein von Todes wegen erworbenes „Übermaß an Gewinnbeteiligung" im Sinne des § 7 Abs. 5 ErbStG nicht der ErbSt. Gleiches gilt auch für die Zuwendung einer Gesellschaftsbeteiligung unter einer Buchwertklausel (§ 7 Abs. 6 ErbStG). Die Steuerbefreiung für das Familienwohnheim (§ 13 Abs. 1 Nr. 4 a ErbStG), die Weitergabe des Pflegegeldes (§ 13 Abs. 1 Nr. 9 a ErbStG), Zuwendungen zum Zwecke des angemessenen Unterhalts oder zur Ausbildung des Bedachten (§ 13 Abs. 1 Nr. 12 ErbStG) sowie die üblichen Gelegenheitsgeschenke (§ 13 Abs. 1 Nr. 14 ErbStG) kommen bei Erwerben von Todes wegen nicht in Betracht.

6. Übergabe von Betriebsvermögen in vorweggenommener Erbfolge

Die Frage der Vermögens- und Unternehmernachfolge stellt sich zwingend erst beim Tod des bisherigen Vermögensinhabers, dessen Vermögen nicht subjektlos werden kann und deshalb rechtlich einer anderen Person zugeordnet werden muss. Will der Vermögensinhaber seine Nachfolge nicht lediglich durch letztwillige Verfügung für den Todesfall gestalten, sondern neben der persönlichen und gegenständlichen Nachfolgeregelung auch den Zeitpunkt des Vermögensübergangs bestimmen, z.B. um den Vollzug seiner Anordnungen überwachen und notfalls korrigierend eingreifen zu können, kann er sein Vermögen oder Teile davon bereits zu Lebzeiten auf Personen übertragen, die er als seine Nachfolger erkoren hat. Lebzeitige Vermögensübertragungen mit dieser Zielsetzung, die auf einer einzelvertraglichen Regelung beruhen, werden als vorweggenommene Erbfolge bezeichnet. Sie haben in der steuerlichen Praxis erheblich an Bedeutung gewonnen.

Ob der Vermögensübergang erst mit dem Ableben oder bereits zu Lebzeiten erfolgen soll, muss der Vermögensinhaber selbst entscheiden. Besteht das Vermögen zu einem wesentlichen Teil aus Betriebsvermögen, so handelt es sich letztlich um eine unternehmerische Entscheidung, bei der zahlreiche Gesichtspunkte gegeneinander abzuwägen sind. Vor allem die Einkommensteuer und die Erbschaft- bzw. Schenkungsteuer werden durch diese Entscheidung betroffen, wobei sich aus den unterschiedlichen Gestaltungen beträchtliche Belastungsdivergenzen ergeben können. Der Vermögensinhaber sollte deshalb über die vielfältigen Gestaltungsvarianten und deren jeweilige Steuerfolgen informiert sein. Er sollte aber seine grundsätzliche Entscheidung über den Zeitpunkt des Vermögenstransfers nicht allein oder in erster Linie von steuerlichen Erwägungen abhängig machen. Dies gilt umso mehr, als sich steuerlich weder der eine noch der andere Weg zur Regelung der Unternehmensnachfolge durchgängig als vorteilhaft oder nachteilig erweist. Eine Gestaltung, die maßgeblich von außersteuerlichen Gesichtspunkten und Notwendigkeiten geprägt wird, ist aber meist so flexibel, dass sie an die steuerlichen Erfordernisse angepasst werden kann.

Aus steuerlicher Sicht sind vor allem die Gestaltungen von besonderem Interesse, bei denen der vorweggenommene Vermögensübergang unentgeltlich oder zumindest teilentgeltlich erfolgen soll. Dies betrifft damit nicht nur die Schenkungssteuer, für die das Merkmal der Unentgeltlichkeit als tatbestandliche Voraussetzung der freigiebigen Zuwendung (§ 7 Abs. 1 Nr. 1 ErbStG) besonderes Gewicht hat, sondern auch die Einkommensteuer, für die sich bei voll entgeltlichen Vermögensübertragungen, bei denen Leistung und Gegenleistung nach kaufmännischen Gesichtspunkten gegeneinander abgewogen sind, aus dem Gesichtspunkt der vorweggenommenen Erbfolge keine besonderen Fragestellungen ergeben. Dass auch solche voll entgeltlichen Rechtsgeschäfte eine vorweggenommene Erbfolge sein können, die un- oder teilentgeltlich also kein unverzichtbares Wesensmerkmal solcher Gestaltungen ist[32], hat der BGH im Urteil vom 01.02.1995[33] klargestellt. Er hat in dieser Entscheidung auch bestätigt, dass die Vorwegnahme der Erbfolge nicht Vertragsinhalt[34], sondern Motiv der Vermögensübertragung ist. Ein solches Motiv wird, wenn es

---

[32] Nach dem BFH-Urteil BFH/NV 1994, 373 (Fn. 3) enthält ein auf eine vorweggenommene Erbfolge gerichtetes Rechtgeschäft freilich „typischerweise" eine Schenkung.

[33] IV ZR 36/94, NJW 1995, 1349

[34] Bei Annahme eines dahingehenden Vertragsinhalts würde die Vereinbarung jedenfalls dann an § 2302 BGB (unbeschränkbare Testierfreiheit) scheitern, wenn die künftige Erbfolge, die ganz oder teilweise vorweggenommen werden soll, nicht lediglich in Aussicht gestellt, sondern verbindlich verabredet sein soll.

nicht einseitig bleibt, sondern den gemeinsamen Vorstellungen der Vertragsparteien vom Vorhandensein oder dem künftigen Eintritt bestimmter Umstände entspricht oder zumindest von der anderen Vertragspartei als eine den Geschäftswillen prägende Zielsetzung des Vertragspartner akzeptiert wird, zur Geschäftsgrundlage des Vertrages. Auch die Vorstellungen der Parteien eines auf Vermögensübertragung gerichteten Vertrages von der künftigen Erbfolge und deren Vorwegnahme durch die vereinbarte Vermögensübergabe sind danach vertragliche Geschäftsgrundlage sofern die vertraglichen Abreden erkennbar von diesen Vorstellungen ausgehen.

Als typische Gestaltung einer vorweggenommenen Erbfolge beschreibt der Große Senat des BFH im Beschluss vom 05.07.1990[35] eine Vereinbarung, in der „Eltern ihr Vermögen, insbesondere ihren Betrieb oder privaten Grundbesitz, mit Rücksicht auf die künftige Erbfolge auf einen oder mehrere Abkömmlinge übertragen und dabei für sich einen ausreichenden Lebensunterhalt und für die außer dem Übernehmer noch vorhandenen weiteren Abkömmlinge Ausgleichszahlungen ausbedingen". Zumindest solche Übergabeverträge enthalten in aller Regel wenigstens teilweise unentgeltliche Zuwendungen. Diese Zuwendungen sind aber häufig an Gegenleistungen des Vermögensnehmers geknüpft, die einerseits die künftige Versorgung des Vermögensübergebers aus den Erträgen dieses Vermögens sichern und andererseits einen Anspruch gegenüber anderen Erbprätendenten herbeiführen sollen. Diese Gegenleistungen sind sowohl für die Einkommensteuer als auch für die Erbschaft- (Schenkung-)steuer von besonderem Interesse, weil fast alle steuerlichen Probleme der vorweggenommenen Erbfolge mit der für Übergabeverträge typischen Verknüpfung einer Zuwendung mit einer – sich nur

---

[35] BStBl II 1990, 847

teilweise ausgleichenden – Leistung des Vermögensnehmers zusammenhängen. Durch die Gegenleistungen kann nämlich aus der Vermögensübergabe einkommensteuerlich ein Anschaffungs- und Veräußerungsgeschäft werden, das zu Anschaffungskosten des Vermögensnehmers und Veräußerungserlösen des Vermögensgebers führt, und schenkungsteuerlich eine gemischte Schenkung, bei der das Rechtsgeschäft in einen unentgeltlichen Teil, der eine freigiebige Zuwendung i.S.d. § 7 Abs. 1 Nr. 1 ErbStG darstellt, und einen entgeltlichen (nicht steuerbaren) Teil zu zerlegen ist. Überdies müssen u. U. Dritte als Leistungsempfänger in die steuerliche Beurteilung mit einbezogen werden.

Was die Art der möglichen Gegenleistungen des Vermögensübernehmers anbelangt, so ist zu unterscheiden zwischen Versorgungsleistungen, die zugunsten des Vermögensübergebers, aber auch zugunsten anderer Personen (z.B. des Ehegatten) vereinbart sein können, Abstandszahlungen an den Vermögensübergeber und Ausgleichszahlungen (so genannte Gleichstellungsgelder) an andere Erbprätendenten, bei denen es sich meist um weitere Abkömmlinge des Vermögensgebers handelt. Außer durch Geld- oder Sachleistungen können solche Gegenleistungen auch durch die Übernahme von Verbindlichkeiten des Vermögensübergebers oder des begünstigten Dritten erfolgen. Keine Gegenleistung ist ein von Vermögensübernehmer erklärter Erbverzicht. Sind Leistungen an Dritte vereinbart, wird die Vereinbarung zu einem Vertrag zugunsten Dritter i.S.d. § 328 BGB.

6.1 Bewertung des Betriebsvermögens

Der Ansatz und die Bewertung des Betriebsvermögens für erbschaft- und schenkungsteuerliche Zwecke richtet sich weitgehend nach den Vorgaben des Bewertungsgesetzes. Besondere Bedeutung in diesem Zusammenhang hat die Verweisungsvorschrift des § 12 Abs. 5 Satz 2 ErbSt, wonach die §§ 95 bis 99, 103, 104, 109

Abs. 1 und 2 sowie § 137 BewG entsprechend anzuwenden sind. § 12 Abs. 5 Satz 1 ErbStG bestimmt, dass für den Bestand und die Bewertung des Betriebsvermögens[36] auf die Verhältnisse zurzeit der Entstehung der Steuer abzustellen ist (R 39 Abs. 1 Satz 1 ErbStR). Aufgrund des hier zum Ausdruck kommenden Stichtagsprinzips (§§ 9, 11 ErbStG) entsteht die Steuer im Regelfall bei Erwerben von Todes wegen (§ 3 ErbStG) mit dem Tod des Erblassers (§ 9 Abs. 1 Nr. 1 ErbStG), bei Schenkungen unter Lebenden hingegen mit der Ausführung der Schenkung (§ 9 Abs. 1 Nr. 2 ErbStG). Der Wert des Betriebsvermögens ist – abweichend von der (ehemaligen) Verfahrensweise bei der Einheitsbewertung des Betriebsvermögens für Zwecke der Vermögens- und Gewerbekapitalsteuer – im Rahmen der Erbschaft- oder Schenkungsteuerveranlagung zu ermitteln, mit der Folge, dass Mangels gesonderter Feststellung mit Grundlagencharakter keine selbstständige Anfechtung gegen die Betriebsvermögenswertfeststellung als solche möglich ist. Die eigenständige Ermittlung des Werts des Betriebsvermögens nach den Verhältnissen vom Erwerbszeitpunkt gilt nicht nur für Einzelunternehmen, sondern gleichermaßen auch für Personengesellschaften; hier sind auch die Ausgangsgrößen für die Aufteilung des Betriebsvermögens (§ 97 Abs. 1a BewG) stichtagsbezogen zu ermitteln.

---

[36] Ausgenommen hiervon ist die Bewertung von Betriebsgrundstücken (§ 12 Abs. 3 ErbStG, § 99 BewG).

6.2 Übergabe von Betriebsvermögen in vorweggenommener Erbfolge und Schenkungsteuer

6.2.1 Betriebsübergabe als freiwillige Zuwendung

6.2.1.1 Betriebsübertragung gegen Schuldübernahme

Betriebsübergaben in vorweggenommener Erbfolge betreffen die Erbschaft-(Schenkung-)steuer nur, wenn sie unentgeltlich oder zumindest teilentgeltlich erfolgen. Sie können dann als freigiebige Zuwendung nach § 7 Abs. 1 Nr. 1 EStG der Schenkungsteuer unterliegen oder als Schenkung auf den Todfall (§ 3 Abs. 1 Nr. 2 Satz 1 ErbStG) Erbschaftsteuer auslösen. Zumindest bei den so genannten Übergabeverträgen, die auch den Charakter von Versorgungsverträgen haben, wird das Erfordernis der objektiven Un- oder Teilentgeltlichkeit im Allgemeinen erfüllt sein, da solche Vereinbarungen im Regelfall „wenigstens teilweise eine unentgeltliche Zuwendung"[37] enthalten.

Freigiebige Zuwendungen sind entweder Schenkungen im zivilrechtlichen Sinne (§§ 516 ff. BGB) oder sonstige freigiebige Zuwendungen. Diese beiden Zuwendungsarten unterscheiden sich nicht hinsichtlich des objektiven Tatbestandes, der eine aus einem Zuwendungsvorgang resultierende Vermögensbewegung verlangt. Die Zuwendung besteht in der un- oder teilentgeltlichen Hingabe eines Vermögensbestandteils von einer Person (Schenker oder Zuwendender) zugunsten einer anderen (Bedachter). Das Ergebnis dieser Vermögenshingabe muss einerseits die Entreicherung des Zuwendenden und andererseits die Bereicherung des Bedachten als Folge einer Vermögensverschiebung sein. Dabei genügt für die Annahme einer steuerbaren Bereicherung nicht die

---

[37] BFH-Beschluss vom 05.07.1990 GrS 4-6/89, BStBl II 1990, 847

Feststellung einer Vermögensmehrung bei dem durch die Vermögenshingabe Begünstigten. Da der Zuwendungsvorgang eine Vermögensbewegung verlangt, muss die Vermögensmehrung auf einem durch die Leistung des Zuwendenden in das Vermögen des Begünstigten gelangten Gegenstand beruhen. Dieser Zuwendungsgegenstand der nicht mit dem hingegebenen Vermögensbestandteil identisch sein muss[38], verkörpert die Bereicherung, für deren Bewertung er maßgeblich ist. Seine Feststellung prägt die steuerliche Beurteilung der Zuwendung, da sie deren Umfang festlegt und zugleich die Bemessungsgrundlage der Schenkungssteuer bestimmt.

Bei einer Betriebsübergabe können Zuwendungsgegenstände nur die zum Betriebsvermögen gehörenden Sachen, Rechte und sonstigen Wirtschaftsgüter des Aktivvermögens sein, nicht aber die betrieblichen Schulden. Schulden können nicht geschenkt bzw. zugewendet werden. Sie müssen vielmehr, wenn sie nicht weiterhin den Betriebsübergeber belasten sollen, vom Bedachten im Zuge der Betriebsübergabe übernommen werden. Geschieht dies hinsichtlich einzelner oder aller betrieblichen Verbindlichkeiten, so stellt diese Schuldübernahme auch bei einem Übergabevertrag, dessen Gegenstand ein Betrieb als „Inbegriff von Sach- und Rechtsgesamtheiten"[39] ist, sowohl zivilrechtlich als auch schenkungsteuerrechtlich eine mit der Zuwendung der positiven Wirtschaftsgüter des Betriebsvermögens synallagmatisch verknüpfte Gegenleistung dar. Dies gilt unabhängig davon, ob die Schuldübernahme nur im Innenverhältnis (durch Freistellungsverpflichtung bzw. Erfüllungsübernahme) oder auch im Außenverhältnis (durch befreiende oder kumulative Schuldübernahme

---

[38] BFH-Urteile vom 07.04.1976 II R 87-89/70, BStBl II 1976, 632; vom 06.03.1985 II R 19/84, BStBl II 1985, 382

[39] BGH-Urteil vom 02.03.1989 VIII ZR 53/87, NJW 1988, 1668

bei gleichzeitiger Erfüllungsübernahme) erfolgt. Die Betriebsübergabe wird mithin durch die Schuldübernahme – auch wenn keine
weiteren Gegenleistungen vorgesehen sind – zu einer gemischten
Schenkung.

Die so genannte Einheitstheorie[40], die auf rein ertragsteuerlichen – aus § 6 Abs. 3 EStG abgeleiteten – Erwägungen beruht,
kann eine andere schenkungsteuerliche Beurteilung nicht rechtfertigen. Sie kann auf die Schenkungsteuer nicht übertragen
werden, weil diese angesichts eines objektiven Zuwendungstatbestandes, der mit dem Schenkungstatbestand des § 516 Abs. 1
BGB übereinstimmt, an zivilrechtliche Vorgaben gebunden ist
und danach weder das zugrunde liegende Rechtsgeschäft noch
dessen Gegenstand eine Einheit bilden, wenn eine Betriebsübertragung mit einer Schuldübernahme gekoppelt ist. Bestätigt wird
diese Folgerung durch das – für die Bestimmung des Zuwendungsgegenstandes in erster Linie maßgebende[41] – Vollzugsge-
schäft, das bei einer Betriebsübergabe wegen des sachenrechtli-
chen Bestimmtheitsgrundsatzes aus einer Vielzahl von Einzelver-
fügungen (Eigentumsübertragungen, Forderungsabtretungen
etc.)besteht[42], deren jeweiliger Gegenstand die Sachen, Rechte
und sonstigen aktiven Wirtschaftsgüter des Betriebsvermögens,
nicht aber die Betriebsschulden sind.

Der Annahme, dass bei einer Betriebsübergabe, die mit einer
Übernahme der Betriebsschulden gekoppelt ist, nur die positiven
Wirtschaftsgüter des Betriebsvermögens Zuwendungsgegenstand
im schenkungsteuerlichen Sinne sind, während die Schuldüber-
nahme als Gegenleistung zu werten ist, steht auch entgegen der
Ansicht der Finanzverwaltung und eines Teils des Schrifttums die

---

40 Vgl. Betriebsvermögensnachfolge
41 Vgl. BFH-Urteil vom 09.11.1994 II R 87/92, BStBl II 1995, 83
42 BGH-Urteil vom 11.10.1967 Ib ZR 144/65, NJW 1968, 393

Bestimmung des § 12 Abs. 5 ErbStG nicht entgegen[43]. Diese Vorschrift regelt durch die Verweisung auf §§ 95 bis 99, 103 und 104
sowie § 109 Abs. 1, 2 und § 137 BewG nur, welche Erwerbs- oder
Zuwendungsgegenstände zum Betriebsvermögen gehören und wie
sie zu bewerten sind. Der Begriff des Betriebsvermögens ist dabei
nicht auf die Zuwendung eines einzelnen Betriebes als unverän-
dert weiter bestehende wirtschaftliche Einheit begrenzt. Etwas
anderes ergibt sich auch nicht aus der Verweisung auf § 98a
BewG, wonach zur Ermittlung des Reinwerts die Betriebsschulden vom Rohbetriebsvermögen abzuziehen sind. Dass nach dem
jeweiligen Steuertandbestand die Betriebsschulden als reine Ab-
zugsposten zu behandeln sind, wird in dieser Bestimmung vor-
ausgesetzt. Sie kann deshalb nach der gegenwärtigen BFH-
Rechtssprechung nur eingreifen, wenn der Betrieb oder Teilbetrieb – wie z.B. beim Erwerb durch Erbanfall auf Grund der Gesamtrechtsnachfolge – als eine auch die Betriebsschulden umfas-
sende Einheit auf einen Nachfolger übergeht. Nur für solche Er-
werbsvorgänge ist auch die Bestimmung der § 10 Abs. 6 Satz 4
ErbStG relevant, nach der Schulden und Lasten, die mit einem
nach § 13a Abs. 1 ErbStG begünstigten Betriebsvermögen in
wirtschaftlichen Zusammenhang stehen, in vollem Umfang abzugsfähig sind.

Ob eine Saldierung der betrieblichen Aktiva und Passiv möglich
ist, hängt danach von der Art der jeweiligen Erwerbs- und Zu-
wendungsvorschriften ab, der bei lebzeitigen Zuwendungen allein
von den Zuwendungsbeteiligten gestaltet wird, die nicht nur das
Zuwendungsobjekt bestimmen, sondern auch den Umfang der
jeweiligen Leistungspflichten, sowie das für die schenkungsteuerliche Beurteilung bedeutsame Leistungsverhältnis – d.h. den
rechtlichen Zusammenhang von Leistung und Gegenleistung –

---

[43] Vgl. Betriebsvermögensnachfolge, S. 198

festlegen. Sie allein entscheiden auch darüber, ob und inwieweit bei einer Betriebsübergabe die Betriebsschulden mit übergehen oder beim Betriebsübergeber verbleiben. Eine völlig andere Frage ist, welche Konsequenzen für die Werteermittlung sich aus einem vereinbarten Leistungsverhältnis ergeben. Auch die Beantwortung dieser Frage hängt aber nicht allein, oder in erster Linie, von der Bestimmung des § 12 Abs. 5 ErbStG ab, sondern von der generellen schenkungsteuerlichen Beurteilung entsprechend gestalteter Zuwendungsvorgänge.

Allerdings kann die Regelung des § 12 Abs. 5 ErbStG durchaus als ein Hinweis darauf verstanden werden, dass der Steuergesetzgeber in dieser Hinsicht von anderen Prämissen ausgegangen ist, als der gegenwärtigen höchstrichterlichen Rechtssprechung zur gemischten Schenkung zugrunde liegen, die eine Zerlegung des Steuerwerts des Zuwendungsgegenstandes im Wege einer Verhältnisrechnung verlangt.[44] Diese Rechtsprechung führt zwar bei Zuwendungsobjekten, deren Verkehrswert erheblich vom Steuerwert abweicht, zu sachgerechten Ergebnissen, zumal auch in anderen Steuerrechtsgebieten eine einheitliche Leistung im Wege einer Verhältnisrechnung in einen entgeltlichen und einen unentgeltlichen Teil aufgeteilt wird, sofern eine solche Aufteilung für die Besteuerung erforderlich ist. Sie begegnet aber dennoch erheblichen Bedenken, da es der Rechtssprechung erst dann freisteht, sich bei mehreren in Betracht kommenden Wertermittlungsmethoden für die sachgerechtere Lösung zu entscheiden, wenn feststeht, dass der Steuergesetzgeber diese Entscheidung nicht getroffen hat und die gesetzliche Regelung in dieser Hinsicht lückenhaft ist. Die Regelung es § 12 Abs. 5 ErbStG lässt aber (e-

---

44 BFH-Urteile vom 21.10.1981 II R 176/78, BStBl II 1982, 83; vom 14.07.1982 II R 125/ 79, BStBl II 1982, 174; vom 12.04.1989 II R 37/87, BStBl II 1989, 524; vom 16.12.1993 II R 114/81, BFH/NV 1993, 298; vom 08.12.1993 II R 61/89, BFH/NV 1994, 373

benso wie § 10 Abs. 1 und § 25 ErbStG) erkennen, dass der Steuergesetzgeber sowohl bei den Erwerbern von Todes als auch bei den Schenkungen unter Lebenden von einer Saldierung ausgegangen ist. Andererseits kann aber nicht ernstlich angenommen werden, der Gesetzgeber habe mit der in § 12 Abs. 5 ErbStG enthaltenen Verweisung auf § 98a BewG ein Sonderrecht für gemischt-freigebige Betriebsübergaben normieren wollen. Überdies würden mit einer derartigen Sonderregelung die Probleme der schenkweisen Betriebsübergaben keineswegs gelöst. Wäre die Saldierung auf die übernommenen Betriebsschulden beschränkt, müsste eine Verhältnisrechnung dennoch durchgeführt werden, wenn andere Gegenleistungen vorgesehen sind. Dies würde auch für die Übernahme von Privatschulden des Betriebsübergebers gelten, obgleich sie mit der Übernahme zu Betriebsschulden werden, und auch für betriebliche Verbindlichkeiten, die zwar ertragsteuerlich, nicht aber bewertungsrechtlich Betriebsschulden sind. Ausgeräumt werden könnten die Nachteile der gemischt-freigebigen Betriebsübergabe deshalb nur, wenn der BFH bei gemischten Schenkungen allgemein zur Saldierung zurückkehren würde.

Solange die höchstrichterliche Rechtsprechung indes an der gegenwärtigen Rechtsprechung festhält, muss aber auch bei einer Betriebsübergabe mit Schuldübernahme der Steuerwert der freigebigen Zuwendung im Wege einer Verhältnisrechnung ermittelt werden. Zu diesem Zweck ist die Betriebsübergabe als Zuwendungsvorgang in einen entgeltlichen und einen unentgeltlichen Teil zu zerlegen. Diese Zerlegung erfolgt nach dem Verhältnis der nach bürgerlich-rechtlichen Grundsätzen ermittelten Werte von Leistung (= Übergabe des betrieblichen Aktivvermögens) und Gegenleistung (= Schuldübernahme und evtl. weitere Leistungen des Bedachten). Nach diesem Verhältnis ist sodann der Steuerwert der Leistung des Betriebsübergebers in einen steuerbaren und einen nichtsteuerbaren Teil aufzuteilen. Der steuerbare Teil (=

Steuerwert der freigebigen Zuwendung) bildet die Bemessungsgrundlage der Schenkungsteuer.

Im Regelfall führt diese Verhältnisrechnung bei lebzeitigen Betriebsübergaben schon dann zu einem ungünstigeren steuerlichen Ergebnis als der Betriebsvermögensübergang im Erbfall,
wenn außer der - meist nicht vermeidbaren – Übernahme von Betriebsschulden keine weiteren Gegenleistungen zu erbringen sind.
Dieser steuerliche Nachteil verstärkt sich aber noch, wenn der
Betriebsübernehmer Ausgleichszahlungen an Dritte zu leisten
hat, die im Erbfall entweder seinen Erbteil schmälern würden o-
der als Nachlassverbindlichkeiten (Erbfallschulden) abziehbar
wären. Bei der Entscheidung über eine Vorwegnahme der Erbfolge durch Betriebsübergabe muss diese steuerliche Konsequenz
bedacht werden.

6.2.1.2 gemischt-freigebige Zuwendung durch Betriebsüber-gabe gegen Versorgungsleistungen und Abstandszah-lungen

Während einkommensteuerrechtlich die in einem Übergabevertrag vereinbarten Versorgungsleistungen als vorbehaltene Vermö-
genserträge, die vom Vermögensübernehmer zu erwirtschaften
sind, im Allgemeinen kein zu Anschaffungskosten führendes Entgelt bilden, sondern von der höchstrichterlichen Rechtsprechung
als abziehbare Sonderausgaben qualifiziert werden, sind sie
schenkungsteuerlich in aller Regel als Gegenleistung zu werten.
Gegenleistungen i. S. d. Schenkungsrechts des BGB (und damit
auch Schenkungsteuerrecht) sind nämlich nicht nur die Leistungen des Bedachten bzw. Vermögensübernehmers, die mit der Zuwendung synallagmatisch – also in einem echten Gegenseitig-
keitsverhältnis - verknüpft sind. Vielmehr genügt auch ein kondi-
tionaler oder kausaler Zusammenhang zwischen der Zuwendung
des Schenkers und einer Leistung des Bedachten für die Annah-

me einer die (objektive) Unentgeltlichkeit zumindest teilweise ausschließende Gegenleistung[45]. Eine solche konditionale Verknüpfung besteht aber auch zwischen den Versorgungsleistungen und der Vermögensübergabe. Sie sind deshalb als wiederkehrende Leistungen mit ihren (nach §§ 13 bis 16 BewG ermittelten) Kapitalwert in die zur Berechnung des Steuerwerts der freigebigen Zuwendung erforderliche Verhältnisrechnung einzubeziehen. Ob die Betriebsübergabe wegen vereinbarte Versorgungsleistungen zivilrechtlich als gemischte Schenkung oder als Schenkung unter Auflage anzusehen ist, ist für die schenkungssteuerliche Beurteilung ohne Belang. Als Gegenleistung gelten nämlich schenkungsteuerlich auch Geld- oder Sachleistungen eines Bedachten, die der Erfüllung einer Auflage des Zuwendenden dienen[46]. Solche Leistungsauflagen sind von reinen Duldungs- und Nutzungsauflagen zu unterscheiden, die als vorübergehende Einschränkung der Bereicherung grundsätzlich mit dem Kapitalwert der Belastung vom Steuerwert der Zuwendung abzuziehen sind. Ist der Vermögensübergeber oder dessen Ehegatte nutzungsberechtigt, kann die Schenkungsteuer nach § 25 ErbStG nur in Höhe des Kapitalwerts der Belastung gestundet werden. Letzteres kommt vor allem in Betracht, wenn sich ein Betriebsübergeber den Nießbrauch am übergebenen Betriebsvermögen vorbehalten hat. Die Bestellung des dinglichen Nutzungsrechts auf Grund eines solchen Nießbrauchsvorbehaltes ist mithin weder einkommensteuerlich noch schenkungsteuerlich eine Gegenleistung für

---

[45] Vgl. u.a. BGH-Urteil vom 17.06.1992 XII ZR 145/91 (NJW 1992,2566), wonach für die Annahme einer Gegenleistung Verknüpfungen „durch Setzung einer Bedingung oder eines entsprechenden Rechtszwecks" genügen. Die objektive Unentgeltlichkeit kann nicht nur durch eine Gegenleistung (ganz oder teilweise) ausgeschlossen werden, sondern auch durch eine bestehende Rechtspflicht. Wer nur eine gegenüber dem Zuwendungsempfänger bestehende Verpflichtung erfüllen will, handelt nicht freigebig.

[46] Grundlegend BFH-Urteil vom 12.04.1989 II R 37/38, BStBl II 1989, 524

die Betriebsübergabe. Dies gilt aber nur für einen vorbehaltenen Unternehmensnießbrauch, nicht hingegen für einen Ertragsnießbrauch, der den Betriebsübernehmer zu fortlaufenden Leistungen aus dem Betriebsvermögen verpflichtet.

Neben den Versorgungsleistungen sind auch Abstandsleistungen an den Vermögensübergeber schenkungsteuerlich eine Gegenleistung, und zwar unabhängig davon, ob es sich um Geldzahlungen oder um Sachleistungen aus dem eigenen Vermögen handelt. In dieser Hinsicht stimmen mithin die einkommensteuerlich und die schenkungsteuerliche Betrachtung überein. Freilich wird sich infolge der Einbeziehung der Versorgungsleistungen aus schenkungsteuerlicher Sicht häufiger die (für den Vermögensübernehmer steuerlich vorteilhafte) Feststellung ergeben, dass Leistung und Gegenleistung äquivalent sind und dass deshalb eine gemischt-freigebige Zuwendung ausscheidet.

6.2.1.3 Ausgleichszahlungen an Dritte

Verpflichtet der Übergabevertrag den Übernehmer (auch) zu Leistungen an andere Personen, so wird er insoweit zum Vertrag zugunsten Dritter (§§ 328, 330 Satz 2 BGB). Bei solchen Verträgen, durch die ein Dreiecksverhältnis entsteht, ist stets zwischen dem Deckungsverhältnis, an dem die eigentlichen Vertragsparteien (Übergeber bzw. Versprechensempfänger und Übernehmer bzw. Versprechender) beteiligt sind, und dem Valutaverhältnis zwischen dem Übergeber und dem begünstigten Dritten zu unterscheiden. Die vertraglich vorgesehene Leistung des Versprechenden (Übernehmers) an den Dritten wird zwar durch die Vereinbarung mit dem Versprechensempfänger (Übergeber) ausgelöst. Begründet wird aber durch dieses Deckungsverhältnis nur die Leistungspflicht des Übernehmers gegenüber dem Übergeber, während die mit dieser Leistung bewirkte Vermögensverfügung zugunsten des Dritten ihren Rechtsgrund im dem Valutaverhältnis hat.

Ist dieser Rechtsgrund eine Schenkung, weil der vom Übergeber gewollten Vermögensmehrung keine äquivalente Gegenleistung des bereicherten Dritten gegenübersteht, so handelt es sich auch um eine freigebige Zuwendung des Übergebers, die er unter Abkürzung des Leistungsweges mit Hilfe des Übernehmers (Versprechenden) erbringt und deren Empfänger der Drittbegünstigte ist. Die Leistung des Übernehmers ist damit einerseits – nämlich im Verhältnis zum Übergeber – Gegenleistung und andererseits – im Verhältnis zum Dritten – Erfüllung einer Anordnung, mit der der Übergeber eine Zuwendung an den Dritten bewirkt. Ist auch der Drittbegünstigte ein präsumtiver Erbe, kann sowohl im Deckungsverhältnis als auch im Valutaverhältnis eine Vermögensübergabe in vorweggenommener Erbfolge vorliegen[47].

Die durch den Übergabevertrag begründeten Leistungspflichten zugunsten des Dritten können auf eine Geldleistung oder auf eine Sachleistung gerichtet sein. Typische Geldleistungen sind die so genannten Gleichstellungsgelder, die an andere präsumtive Erben der gleichen Ordnung (meist die Geschwister) zu entrichten sind. Sachleistungen können aus eigenem Vermögen des Übernehmers, aber auch aus dem zugewendeten Betriebsvermögen stammen. Anders als bei der Einkommensteuer kann die vertraglich vorgesehene Weitergabe eines Teils des übernommenen Betriebsvermögens schenkungsteuerlich eine Gegenleistung sein, die (neben evtl. Versorgungs- oder Abstandsleistungen und/oder Schuldübernahme) in die zur Ermittlung des steuerbaren Teils einer ge-

---

[47] Betriebsvermögen erwirbt aber bei einer derartigen Gestaltung i. d. R nur der Vermögensnehmer, da der (vom Übernehmer durch seine Leistung bewirkten) Zuwendung an den Drittbegünstigten eine Privatentnahme vorausgeht, wenn Wirtschaftsgüter des Betriebsvermögens an ihn weiterzugeben sind.

mischt-freigebigen Zuwendung erforderliche Verhältnisrechnung einzubeziehen ist. Unabhängig davon, ob sie eine Gegenleistung des Übernehmers ist oder nicht, stellt die Weitergabe eine freigebige Zuwendung des Übergebers an den Drittbegünstigten dar, wenn sie im Valutaverhältnis un- oder teilentgeltlich sind.

Ob die Weitergabe als Gegenleistung des Übernehmers an den Übergeber zu werten ist, hängt davon ab, ob die Übernahme der weiterzugebenden Wirtschaftsgüter als selbstständiger Vorgang oder lediglich als Bestandteil einer umfassenderen (einheitlichen) Zuwendung anzusehen ist. Ist letzteres der Fall, so ist der Vermögensübernehmer auch hinsichtlich der anschließend vertragsgemäßen weitergegebenen Wirtschaftsgüter als Erstbedachter zu behandeln, während der Drittbegünstigte Zweitbedachter ist. Schenker ist hinsichtlich beider Zuwendungen der Vermögensübergeber, der die Erstzuwendung mittelbar in der Rolle eines Versprechensempfängers durch eine vertraglich bedingte Leistung des Erstbedachten (Übernehmers) bewirkt.

Handelt es sich hingegen bei der Hingabe der vertragsgemäß weiter zu gebenden Wirtschaftsgüter um einen selbstständigen Vorgang, so fehlt im Verhältnis zwischen dem Übergeber und Übernehmer insoweit die für die Annahme einer freigebigen Zuwendung unverzichtbare Vermögensmehrung (Bereicherung). Denn der durch die Vermögensübergabe zunächst eintretende Vermögenszuwachs wird durch die vertragliche Weitergabeverpflichtung kompensiert. Vielmehr handelt es sich dann nicht um eine so genannte Kettenschenkung, sondern um eine Gestaltung, bei der nur der Drittbegünstigte Empfänger einer freigebigen Zuwendung ist[48].

---

[48] Vgl. dazu BFH-Urteil vom 13.10.1993 II R 92/91, BStBl II 1994, 128

Anders können die Dinge liegen, wenn zwar die Übernahme der weiter zu gebenden Wirtschaftsgüter als selbstständiger Vorgang gewertet werden kann, die Weitergabe aber nach den vertraglichen Abreden vom Eintritt einer aufschiebenden Bedingung oder einer Befristung abhängig ist. Da eine aufschiebend bedingte oder befristete Leistungspflicht schenkungsteuerlich gemäß § 12 Abs. 1 ErbStG i. V. m. §§ 6, 8 BewG bis zum Eintritt des ungewissen Ereignisses grundsätzlich unberücksichtigt bleibt[49], liegt zunächst nur eine freigebige Zuwendung an den Übernehmer vor. Erst mit dem Eintritt der Bedingung (oder des Anfangstermins) entsteht die dann als Gegenleistung zu wertende Leistungspflicht des Übernehmers, so dass sich spätestens mit der Erfüllung dieser Weitergabepflicht an die Erstzuwendung eine weitere freigebige Zuwendung an den Drittbegünstigten anschließt. Schenker ist auch hinsichtlich der Zweitzuwendung der (ursprüngliche) Vermögensübergeber, so dass für die Besteuerung des Zweiterwerbers (hinsichtlich der Steuerklasse und evtl. persönlicher Freibeträge) sein Verhältnis zum Vermögensübergeber, nicht hingegen zum Vermögensübernehmer maßgeblich ist.

Letzteres soll nach dem BFH-Urteil vom 17.02.1993 II R 72/90[50] auch dann gelten, wenn der Erst- oder Zwischenerwerber den Zuwendungsgegenstand vor Bedingungseintritt weitergibt. Dabei übersieht der BFH indes, dass es rechtlich nicht möglich ist, aufschiebend bedingte Leistungspflichten vorab zu „erfüllen".[51] Vorwegerfüllungen kann es nur bei betagten Verpflichtun-

---

[49] Wird eine aufschiebend bedingte oder befristete Leistungspflicht im Zuge einer Betriebsübergabe vereinbart, kann sie freilich als ungewisse Verbindlichkeit durch Ansatz einer Rückstellung zu passivieren und deshalb auch bei der schenkungsteuerlichen Wertermittlung zu berücksichtigen sein. An der schenkungsteuerlichen Beurteilung des zugrunde liegenden Zuwendungsvorgangs ändert dies aber nichts.

[50] BStBl II 1993, 523

[51] Vgl. Betriebsvermögensnachfolge, S. 205

gen geben, während solche Vorleistungen bei aufschiebend bedingten Verpflichtungen nach Betriebsgrundsätzen (§§ 812 ff. BGB) kondizierbar sind, sofern sie nicht auf einer ergänzenden Vereinbarung (z.b. einer Schenkungsabrede) zwischen dem Vorleistenden und dem Drittbegünstigten beruhen. Nicht durch eine Gegenleistung ausgeglichene Vorleistungen an den Drittbegünstigten stellen deshalb eine freigebige Zuwendung des Erstbedachten dar, die erst mit Bedingungseintritt zu einer Erfüllungshandlung und damit zu einer Leistung des ursprünglichen Schenkers (Vermögensübergebers) an den Drittbegünstigten wird. Fraglich ist allerdings, ob eine Steuerfestsetzung, die sich an dem (zunächst maßgeblichen) Verhältnis des Erstbedachten zum Dritten ausrichtet, nach Bedingungseintritt gemäß § 175 Abs. 1 Satz 1 Nr. 2 AO (oder analog § 6 Abs. 2 i. V. m. § 5 Abs. 2 BewG) berichtigt werden kann, oder ob dem Drittbegünstigten für diesen Fall analog § 7 Abs. 2 Satz 1 ErbStG ein Recht einzuräumen ist, seiner Besteuerung entweder das Verhältnis zum ursprünglichen Schenker oder das Verhältnis zum Erstbedachten zugrunde zu legen.

Dass die vorzeitige Weitergabe eines Zuwendungsgegenstandes (noch) keine dem Vermögensübergeber (bzw. ursprünglichen Schenker) zurechenbare Vermögensverschiebung ist, wird besonders deutlich, wenn der Übergeber die Weitergabe mit einer Überlebensbedingung verknüpft hat. Die Leistungspflicht des Vermögensnehmers ist dann sowohl befristet als auch bedingt. Sie entsteht erst mit dem Ableben des Übergebers und auch dann nur, wenn der Drittbegünstigte noch lebt. Stirb hingegen der Drittbegünstigte vor dem Erblasser, fällt die Bedingung aus, so dass auch die Verpflichtung zur Weitergabe nicht rechtswirksam entstehen kann. Eine vorzeitige Weitergabe durch den Übernehmer bleibt dann endgültig eine nur ihm (als freigebige Zuwendung) zurechenbare Vermögenshingabe.

Überlebt der Drittbegünstigte den Vermögensübergeber, so handelt es sich bei dem dann auf Grund des Übergabevertrages anfallenden Erwerb, dessen Rechtsgrund eine aus einem Valutaverhältnis zwischen dem Übergeber und dem Dritten resultierende Schenkung auf den Todesfall ist, um einen Vermögensvorteil i. S. d. § 3 Abs. 1 Nr. 4 ErbStG. Dieser Steuertatbestand erfasst un- oder teilentgeltliche Zuwendungen durch Drittleistungen, die auf einer vertraglichen Grundlage beruhen und erst beim Tod des Zuwendenden anfallen. Da der Leistungsanspruch mit dem Tod des Zuwendenden, dem vertraglich die Rolle des Versprechensempfängers zukommt, unmittelbar in der Person des überlebenden Drittbegünstigten entsteht, kann er nicht zum Nachlass gehören. An dem Erwerb von Todes wegen nach § 3 Abs. 1 Nr. 4 ErbStG ändert sich mithin selbst dann nichts, wenn der Dritte zugleich Erbe ist und die Erbschaft – d.h. den Erwerb durch Erbanfall i. S. d. § 3 Abs. 1 Nr. 1 ErbStG – rechtswirksam ausschlägt. Die Ausschlagung bezieht sich nur auf die zum Nachlass gehörenden Vermögensgegenstände, nicht aber auch den aus dem Vertrag zugunsten Dritter resultierenden Leistungsanspruch bzw. Vermögensvorteil.

Ob der Drittbegünstigte auf Grund der Abreden im Übergabevertrag, die den Vermögensübernehmer zu einer Leistung (Ausgleichsleistung oder Weitergabe übernommenen Vermögens) an ihn verpflichten, ein eigenes Forderungsrecht erwirbt[52], ist für die Steuerbarkeit der mit dieser Leistung bewirkten Zuwendung des Vermögensübergebers an sich nicht von Belang[53].

---

[52] Es handelt sich dann um einen „echten" Vertrag zugunsten Dritter, vom dem bei solchen Gestaltungen im Zweifel auszugehen ist (vgl. § 330 Satz 2 BGB).

[53] Vgl. Betriebsvermögensnachfolge, S. 207

Bedeutung hat diese Frage aber für den Zeitpunkt der Steuerentstehung. Erlangt der Drittbegünstigte nämlich ein eigenes Forderungsrecht, so gilt diese Forderung als Gegenstand einer Zuwendung nach § 7 Abs. 1 Nr. 1 ErbStG, was zu Folge hat, dass die Schenkung mit Abschluss des Übergabevertrages ausgeführt ist und die Schenkungsteuer zu diesem Zeitpunkt entsteht (§ 9 Abs. 1 Nr. 2 ErbStG)[54]. Erwirbt der Dritte hingegen auf Grund des Übergabevertrages ausnahmsweise kein Recht, die zu seinen Gunsten vereinbarte Leistung zu fordern, kann die Schenkungsteuer, die sich dann aus § 7 Abs. 1 Nr. 2 ErbStG ergibt, erst entstehen, wenn der Vermögensübernehmer (als Versprechender) seine Leistungspflicht erfüllt. Bei Sachleistungen wird freilich unabhängig davon, ob sie vom Vermögensübernehmer aus eigenem Vermögen oder aus dem übernommenen Vermögen (durch Weitergabe) zu erfüllen sind, trotz eines eigenen Forderungsrechts das betreffende Wirtschaftsgut nach dem (dafür maßgeblichen) Parteiwillen das Zuwendungsobjekt sein, so dass auch die Schenkungsteuer erst entstehen kann, wenn der Drittbegünstigte diesen Vermögensgegenstand hat. Besonders deutlich wird dies bei Vermögensgegenständen, die der Vermögensübernehmer zunächst (u. U. unter Einsatz des übernommenen Vermögens) noch beschaffen muss. Es entsteht dann eine ähnliche Situation wie bei einer mittelbaren Schenkung, bei der die Schenkungsteuer grundsätzlich nicht entsteht, bevor der Bedachte den Gegenstand erhalten hat, den ihm der Schenker zuwenden will. Ist die Zugunsten des Dritten begründete Leistungspflicht aufschiebend bedingt, so kann die Schenkungsteuer für die Zweitzuwendung erst nach dem Bedingungseintritt entstehen. In der Zwischenzeit kann sich aber der Wert des Zuwendungsgegenstandes (z.B. durch

---

[54] BFH-Urteil vom 22.10.1980 II R 73/77, BStBl II 1981, 78; vom 17.02.1993 II R 72/90, BStBl II 1993, 523

durch Kursschwankungen bei Wertpapieren) beträchtlich verändert haben.

Solche Wertänderungen wirken sich zwar auf die Besteuerung des Erstbedachten (Vermögensübernehmers) nicht aus, weil für die Bewertung der ihn mit dem Bedingungseintritt treffenden Last aus der Erfüllung der Leistungsauflage bzw. Gegenleistungspflicht der Stichtag maßgebend ist, auf den die (u. U. zu berichtigende) Veranlagung durchzuführen ist[55]. Dieser Stichtag bleibt, auch wenn eine bereits durchgeführte Steuerfestsetzung mit dem Eintritt der Bedingung zu korrigieren ist, der Zeitpunkt der Ausführung der Erstzuwendung bzw. Vermögensübernahme. Ein anderer Bewertungszeitpunkt gilt hingegen für die Besteuerung des Drittbegünstigten, da hinsichtlich der Zweitzuwendung der Zeitpunkt maßgebend ist, zu dem der Zweitbedachte die Verfügungsmacht an dem ihm zugedachten Zuwendungsgegenstand (z.B. ein an ihm weiter zu gebendes Wirtschaftsgut des vom Erstbedachten übernommenen Betriebsvermögens) erlangt (§ 9 Abs. 1 Nr. 2 ErbStG). Dieser Zeitpunkt stimmt entweder mit dem Zeitpunkt des Bedingungseintritts überein oder folgt ihm nach.

Aus der Leistungsauflage bzw. Gegenleistungspflicht kann sich für den Vermögensübernehmer eine zusätzliche Belastung ergeben, wenn es sich bei dem Vermögensgegenstand, den er an einen Drittbegünstigten weiterzugeben hat, um ein Wirtschaftsgut des Betriebsvermögen handelt, das zu diesem Zweck von ihm entnommen werden muss. Es entsteht dann eine ähnliche Situation wie bei einem Erben, der als Betriebsnachfolger einzelne Wirtschaftsgüter des Betriebsvermögens an einen Vermächtnisnehmer weitergeben muss. Die durch den Entnahmegewinn eintretende Steuerbelastung ist bei der Bewertung der Gegenleistung

---

55 BFH-Urteil vom 06.10.1976 II R 107/71, BStBl II 1977, 211

zu berücksichtigen und damit auch in die (zur Ermittlung des Steuerwerts der freigebigen Zuwendung erforderliche) Verhältnisrechnung einzubeziehen. Letzteres gilt freilich nur, wenn es sich bei der Weitergabe nicht um einen selbstständigen Vorgang handelt.

Muss der Vermögensübernehmer einem Dritten ein Nutzungsrecht an dem übernommenen Unternehmen einräumen, das als Unternehmensnießbrauch zu werten ist, handelt es sich um eine schenkungsteuerlich im Wege der Saldierung mit ihrem Kapitalwert zu berücksichtigende Nutzungsauflage. Bei der Ermittlung des Kapitalwerts ist die Höchstwertbegrenzung des § 16 BewG zu beachten. § 25 ErbStG kann nur greifen, wenn es sich bei dem Dritten um die Ehefrau des Schenkers handelt. Wird der Vermögensübernehmer mit einem Ertragsnießbrauch zu Gunsten eines Dritten belastet, handelt es sich hingegen um eine Leistungsauflage. Der Vermögensübernehmer muss dann fortlaufende Leistungen aus dem Unternehmensgewinn erbringen, die schenkungsteuerlich mit dem Kapitalwert der Leistungspflicht als Gegenleistung zu berücksichtigen, also in die Verhältnisrechnung einzubeziehen sind. Bei der Bemessung dieses Kapitalwerts kann die Höchstwertbegrenzung des § 16 BewG nicht greifen. Muss der Vermögensübernehmer ein Nutzungsrecht an einzelnen Wirtschaftsgütern des übernommenen Betriebsvermögens einräumen, fällt ein Entnahmegewinn nur an, wenn dadurch ausnahmsweise der sachliche Betriebszusammenhang gelöst wird. Eine dadurch evtl. ausgelöste Einkommensteuer ist bei der Ermittlung des Werts der Nutzungsauflage (neben dem Kapitalwert der Nutzungslast) zu berücksichtigen. Muss das Nutzungsrecht an anderen – nicht zum übernommenen Betriebsvermögen gehörenden – Wirtschaftsgütern bestellt werden, handelt es sich stets um eine Leistungsauflage, die zu einer Verhältnisrechnung führt. Bei dem Dritten ist das Nutzungsrecht, sofern es ihm im Valutaverhältnis

un- oder teilentgeltlich zugewendet wird, stets mit dem Kapitalwert zu erfassen.

6.2.1.4 Wertermittlung bei Betriebsübergabe

Wird ein Betrieb (oder Teilbetrieb) als Inbegriff von Sach- und
Rechtsgesamtheiten zugewendet, so kann der Vermögensübergang grundsätzlich nicht zu einem Wechsel der Vermögensart
führen. Die betrieblichen Wirtschaftsgüter verlassen vielmehr das
Vermögen des Zuwendenden als Betriebsvermögen und kommen
auch beim Zuwendungsempfänger als Betriebsvermögen an. Dies
gilt selbst dann, wenn der Vermögensübernehmer Gegenleistungen gleich welcher Art zu erbringen hat. Solange diese Gegenleistungen das Kapitalkonto (Saldo aus Aktiva minus Passiva) nicht
übersteigen, ist der Vorgang einkommensteuerlich als unentgeltliche Betriebsübertragung zu werten, die gemäß § 6 Abs. 3 EStG
den Übernehmer an die Bilanzansätze des Übergebers bindet.
Übersteigen die Gegenleistungen hingegen das Kapitalkonto, liegt
einkommensteuerlich eine Betriebsveräußerung vor, die ebenfalls
die Zuordnung der zugewendeten Wirtschaftsgüter zum Betriebsvermögen i. d. R. unberührt lässt. Allerdings setzt die unentgeltliche Betriebsübergabe i. S. d. § 6 Abs. 3 EStG voraus, dass keine
wesentlichen Betriebsgrundlagen vom Betriebsübergeber zurück-
behalten werden. Die Zurückbehaltung solcher Wirtschaftsgüter
kann nämlich zu einer Betriebsaufgabe führen, durch die stille
Reserven aufgelöst werden. Letztere erhöhen dann auch die
schenkungsteuerlichen Wertansätze. Überdies können die zugewendeten Wirtschaftsgüter, da sie zuvor ins Privatvermögen
wechseln, nicht als Betriebsvermögen auf den Übernehmer übergehen, so dass auch die Steuerbegünstigungen nach §§ 13a, 19a
ErbStG nicht zu gewähren sind.

Für die schenkungsteuerliche Wertermittlung sind, wenn im
Zuge der Betriebsübergabe kein Wechsel der Vermögensart ein-

tritt, sowohl bei einer im einkommensteuerlichen Sinne unentgeltlichen Betriebsübertragung als auch bei Annahme eines An-
schaffungs- und Veräußerungsgeschäfts die Wertansätze des Ü-
bergebers maßgeblich. Soweit vom Übernehmer Gegenleistungen
zu erbringen sind, die einkommensteuerlich zu Anschaffungskosten und damit zu einer (anteiligen) Aufstockung der Bilanzansätze
führen, folgt dies freilich nicht schon aus der Regelung des § 12
Abs. 5 Satz 1 ErbStG, wonach für die Bewertung die Verhältnisse
zur Zeit der Entstehung der Steuer maßgebend sind. Diese Bestimmung lässt offen, ob in einem solchen Fall die Bilanzansätze
des Übergebers oder die sich im Zuge der Betriebsübergabe ergebenden Bilanzansätze des Übernehmers zugrunde zu legen sind.
Da es sich indes bei einer Betriebsübergabe, der Gegenleistungen
gegenüberstehen, um eine gemischt-freigebige Zuwendung handelt, bei der die höchstrichterliche Rechtsprechung eine Zerlegung des Steuerwerts des Zuwendungsgegenstandes im Wege einer Verhältnisübertragung verlangt, muss auch bei der teilentgeltlichen Betriebsübertragung vom Gesamtsteuerwert des Betriebsvermögens im Übertragungszeitpunkt ausgegangen werden,
der anschließend (nach dem evtl. Abzug von Nutzungsauflagen)
entsprechend dem Verhältnis der Verkehrswerte von Leistung[56]
und Gegenleistung[57] aufzuteilen ist. Dem Gesamtsteuerwert entspricht dabei die Summe der Wirtschaftsgüter des Aktivvermögens mit den Wertansätzen des Übergebers.

Wird zusammen mit einem Betrieb oder Teilbetrieb auch Privatvermögen zugewendet, ist der Gesamtwert der Gegenleistung zunächst nach dem Verhältnis der Verkehrswerte auf die übertragenen Vermögensgegenstände bzw. Vermögensgruppen aufzutei-

---

[56] Summe der Verkehrswerte der Wirtschaftsgüter des Aktivvermögens
[57] Summe der Verkehrswerte von Schuldübernahmen, Abstands- und Aus-
gleichsleistungen, weiter zu gebendem Betriebsvermögen und Leistungsauflagen zur Bestellung von Nutzungsrechten

len. Nur der danach auf den Betrieb oder Teilbetrieb entfallende Entgeltsanteil ist zur Ermittlung der gemischt-freigebigen Betriebszuwendung in die Verhältnisrechnung einzubeziehen.

6.2.2 Freigebige Zuwendung einzelner Wirtschaftsgüter des Betriebsvermögens

6.2.2.1 unentgeltliche Übertragung

Werden von einem Betriebsinhaber einzelne Wirtschaftsgüter des Betriebsvermögens in vorweggenommener Erbfolge unentgeltlich übertragen, so geht der Zuwendung dieser Wirtschaftsgüter stets eine Entnahme voraus, und zwar unabhängig davon, ob der Bedachte das jeweilige Wirtschaftsgut ins Privatvermögen oder in ein (anderes) Betriebsvermögen übernimmt[58]. Für die Wertermittlung ist dann der sich aus § 12 Abs. 1 bis 4a ErbStG ergebende Wert maßgebend. Regelmaßstab ist danach der gemeine Wert (§ 12 Abs. 1 i. V. m. § 9 BewG). Die durch einen etwaigen Entnahmegewinn ausgelöste Einkommensteuer mindert, da sie in der Person des Übergebers entsteht, nicht die Bereicherung des Übernehmers.

---

[58] Bei der Zuwendung in vorweggenommener Erbfolge stehen im Allgemeinen private Gründe im Vordergrund. Ist die Zuwendung einzelner Wirtschaftsgüter ausnahmsweise betrieblich veranlasst und werden sie auch vom Empfänger ins Betriebsvermögen übernommen, ist schenkungsteuerlich der sich aus § 12 Abs. 5 ErbStG ergebende Wertansatz gerechtfertigt. Daran kann auch der Umstand nichts ändern, dass der Zuwendungsempfänger nach § 6 Abs. 4 EStG i. d. F. des StEntlG 1999/2000/2002 das Wirtschaftsgut mit dem gemeinen Wert in seiner Bilanz ausweisen muss. Die Annahme einer freigebigen Zuwendung wird in solchen Fällen aber meist am subjektiven Tatbestand scheitern (vgl. dazu BFH-Urteil vom 29.10.1997 II R 60/94, BStBl II 1997, 832). (Vgl. Betriebsvermögensnachfolge, S. 211)

Wird ein Wirtschaftsgut zugewendet, das eine wesentliche Betriebsgrundlage ist, kann auch eine Betriebsaufgabe oder der Beginn einer allmählichen Betriebsabwicklung vorliegen. Für die Schenkungsteuer ergeben sich daraus aber keine zusätzlichen Konsequenzen.

Will der Betriebsinhaber seinen Betrieb auf mehrere präsumtive Erben übertragen, muss er – um eine Betriebsaufgabe und die damit verbundene Entnahme ins Privatvermögen zu vermeiden – zunächst durch organisatorische Maßnahmen selbstständige betriebliche Organismen schaffen, die er dann als Teilbetriebe auf mehrere Erwerber übertragen kann. Bei einer derartigen Gestaltung wechseln die übertragenen Wirtschaftsgüter nichts ins Privatvermögen über, so dass die Wertermittlung nach § 12 Abs. 5 ErbStG erfolgen kann.

6.2.2.2 teilentgeltliche Übertragung

Hat der Bedachte für die übertragenen Einzelwirtschaftsgüter Gegenleistungen durch Abstands- oder Ausgleichszahlungen, Versorgungsleistungen oder Schuldübernahmen zu erbringen, deren Gesamtwert hinter dem Verkehrswert der übertragenen Vermögensgegenstände zurückbleibt, so ist der Vorgang schenkungsteuerlich als gemischt-freigebige Zuwendung zu werten. Handelt es sich – wovon im Zweifel auszugehen ist – um eine einheitliche Zuwendung, so ist der Gesamtsteuerwert der übertragenen Wirtschaftsgüter nach dem Verhältnis des Gesamtverkehrswertes zum Gesamtwert der Gegenleistungen in einen steuerbaren und einen nicht steuerbaren Teil zu zerlegen. Der Gesamtsteuerwert ergibt sich dabei aus der Summe der nach § 12 Abs. 1 bis 4 ErbStG anzusetzende Einzelwerte. Dass einkommensteuerlich hinsichtlich des unentgeltlichen Teils eine Entnahme hinsichtlich des entgeltlichen Teils ein Veräußerungsgeschäft anzunehmen ist, ändert daran nichts. Das Wirtschaftsgut wird – zumal der Vorgang als vorweggenommene Erbfolge insgesamt privat veranlasst ist – auch hinsichtlich des veräußerten Teils mit der Zuwendung zu einem Vermögensgegenstand des Privatvermögens. Es kann daher nicht anteilig als Betriebsvermögen beim Bedachten ankommen.

6.2.3 Freigebige Zuwendung von Nutzungsrechten

6.2.3.1 Unternehmensnießbrauch

Will ein Unternehmer dem erkorenen Betriebsnachfolger vorab die Betriebsführung überlassen, ohne das Eigentum am Betriebsvermögen aufzugeben, kann er ihm einen Unternehmensnießbrauch einräumen. Der Nachfolger erlangt dadurch eine Rechtsposition, die ihm trotz der fehlenden Eigentumsrechte ein selbstständiges unternehmerisches Handeln auf eigene Rechnung ermöglicht. Der Unternehmer kann während dessen erproben, ob der präsumtive Nachfolger tatsächlich zur Fortführung des Unternehmens geeignet ist.

Wird der Nießbrauch unentgeltlich eingeräumt, handelt es sich um eine freigebige Zuwendung, deren Gegenstand das (dingliche) Nutzungsrecht ist. Dieses Nutzungsrecht ist bei der schenkungsteuerlichen Werteermittlung mit dem Kapitalwert zu erfassen. Daran kann auch die Tatsache nichts ändern, dass es im Falle eines unentgeltlichen Erwerbs als immaterielles Wirtschaftsgut des Betriebsvermögens in der Steuerbilanz nicht mit seinem Teilwert angesetzt werden kann[59]. Erworben wird das Nutzungsrecht nämlich – zumal die Zuwendung in vorweggenommener Erbfolge aus privaten Gründen erfolgt – als Wirtschaftsgut des Privatvermögens, so dass es bei der Frage des bi-

---

[59] Vgl. Betriebsvermögensnachfolge, S. 65 f.

lanziellen Wertansatzes um den Einlagewert geht. Demgemäß erfolgt die Bewertung für schenkungsteuerliche Zwecke nach § 12 Abs. 1 ErbStG, nicht aber nach § 12 Abs. 5 ErbStG. Auch kann dem Erwerber des zugewendeten Nutzungsrechts kein Betriebsvermögens-Freibetrag bzw. Bewertungsabschlag nach § 13a ErbStG zugestanden werden.

Der Kapitalwert des Nutzungsrecht ist nach §§ 13 bis 16 BewG zu ermitteln. Erlischt der Nießbrauch – wovon im Zweifel auszugehen ist, wenn anderweitige Abreden fehlen (vgl. § 1061 BGB) – erst mit dem Tod des Nutzungsberechtigten, entspricht der Kapitalwert nach § 14 Abs. 1 BewG dem aus Anlage 9 zum BewG zu entnehmenden Vielfachen des Jahreswerts. Maßgebend ist dabei das am Bewertungsstichtag (§ 11 i. V. m. § 9 ErbStG) vollendete Lebensalter des Berechtigten. Nach § 15 Abs. 3 BewG ist als Jahreswert des Unternehmensnießbrauchs der Gewinn zugrunde zu legen, der in Zukunft im Durchschnitt der Jahre voraussichtlich erzielt werden wird. Die Ermittlung des künftigen Durchschnittsertrages erfolgt in aller Regel auf der Grundlage des Ertrags der dem Stichtag vorangehenden drei Jahre[60]. Die Betriebsergebnisse der Folgezeit können, auch wenn sie zum Zeitpunkt der Wertermittlung schon bekannt sind, wegen des Stichtagsprinzips grundsätzlich nicht berücksichtigt werden. Etwas anderes kann aber gelten, wenn diese Ergebnisse ersichtlich auf Umständen beruhen, die bereits am Stichtag vorlagen. Die nachfolgenden Betriebsergebnisse haben dann nur die Funktion von wertaufhellenden Tatsachen.

---

[60] Vgl. BFH-Urteil vom 11.02.1972 III R 129/70, BStBl II 1972, 448. Die in der Person des Nießbrauchers durch die Einkünfteerzielung entstehende Einkommensteuer kann bei der Ermittlung des Jahreswertes nicht berücksichtigt werden (BFH-Urteil vom 06.08.1977 II R 79/69, BStBl II 1979, 562).

Zu beachten ist bei der Ermittlung des Jahreswerts eines Unternehmensnießbrauchs die sich aus § 16 BewG ergebende Wertbegrenzung. Nach dieser Bestimmung darf der Jahreswert der Nutzungen eines Wirtschaftsguts höchstens den Wert betragen, der sich ergibt, wenn der für das genutzte Wirtschaftsgut nach den Vorschriften des Bewertungsgesetzes anzusetzende Wert durch 18,6 geteilt wird. Bei einem Betrieb ist der danach maßgebende (durch 18,6 zu teilende) Wert der Gesamtsteuerwert des Betriebsvermögens, der nach § 98a BewG als Reinwert ermittelt wird. Übersteigt der künftig zu erwartende Durchschnittsertrag diesen Höchstwert, kann bei der Ermittlung des Kapitalwertes nur der Höchstwert als Jahreswert angesetzt werden.

Bei lebenslänglichen Nutzungen, die durch den Tod des Berechtigten oder Verpflichteten vorzeitig – d.h. vor Ablauf einer bestimmten Mindestzeit – beendet worden sind, ermöglicht die Vorschrift des § 14 Abs. 2 BewG eine Korrektur der Steuerfestsetzung. Danach kann die Festsetzung nicht laufend veranlagter Steuern – also auch der Erbschaft-(Schenkung-)steuer – auf Antrag nach der wirklichen Dauer der Nutzung berichtigt werden. Verzichtet der Berechtigte vorzeitig auf die Nutzungen, kommt eine entsprechende Anwendung des § 14 Abs. 2 BewG nicht in Betracht[61].

Statt der Einmalbesteuerung des Nutzungsrechtes, deren Bemessungsgrundlage die Bereicherung in Höhe des (sich aus einem Vielfachen des Jahreswertes ergebenden) Kapitalwertes ist, kann der Nutzungsberechtigte gemäß § 23 Abs. 1 ErbStG auch eine fortlaufende jährliche Besteuerung nach dem Jahreswert wählen. Das einheitliche Nutzungsrecht wird dann wie eine Reihe alljährlich neu für die Dauer eines Jahres begründete Nutzungs-

---

61 BFH-Urteil vom 28.06.1989 II R 14/86, BStBl II 1989, 896

rechte behandelt, wobei hinsichtlich des Jahreswertes aber jeweils auf die Verhältnisse am ursprünglichen Bewertungsstichtag abgestellt wird[62]. Die Jahressteuer kann nach § 23 Abs. 2 ErbStG zum jeweils nächsten Fälligkeitstermin mit ihrem Kapitalwert abgelöst werden.

Wird dem erkorenen Betriebsnachfolger einige Zeit nach der Bestellung des Unternehmensnießbrauchs auch der Betrieb un- oder teilentgeltlich zugewendet, so wird der Steuertatbestand der freigebigen Zuwendung erneut verwirklicht. Gegenstand des zweiten Steuerfalls sind die aktiven Wirtschaftsgüter des Betriebsvermögens, denen im Zuge der Betriebsübertragung zu übernehmende Betriebsschulden (und evtl. weitere Leistungen an den Übergeber oder Dritte) als Gegenleistung gegenüberstehen. Das Nutzungsrecht des Betriebsübernehmers erlischt durch Konfusion[63]. Nach § 10 Abs. 3 ErbStG gilt aber das durch Vereinigung von Recht und Belastung erloschene Rechtsverhältnis als nicht erloschen. Das Nutzungsrecht, dessen Fortbestehen für schenkungsteuerliche Zwecke fingiert wird[64], ist danach bereicherungsmindernd vom Gesamtsteuerwert der Zuwendung abzuziehen. Dies gilt auch dann, wenn die Betriebsübertragung als gemischt-freigebige Zuwendung zu besteuern ist. Das Nutzungsrecht wird dann im Rahmen der Verhältnisrechnung sowohl vom Gesamtverkehrswert der Zuwendung (mit seinem ohne Höchstwertbegrenzung ermittelten Kapitalwert) als auch vom Gesamtsteuerwert (mit seinem nach §§ 13 bis 16 BewG ermittelten Kapitalwert) abgezogen, nicht hingegen der Gegenleistung zugerechnet. Für die Ermittlung des Kapitalwertes des Nutzungsrech-

---

[62] BFH-Urteil vom 08.06.1977 II R 79/69, BStBl II 1979, 562
[63] Vgl. Betriebsvermögensnachfolge, S. 214
[64] Es handelt sich dabei um einen der seltenen Fälle, in denen die an sich auf die Gesamtrechtsnachfolge durch Erbanfall zugeschnittene Vorschrift des § 10 Abs. 3 ErbStG auch schenkungsteuerlich relevant ist.

tes ist jeweils der Zeitpunkt der Betriebsübertragung maßgeblich. Trotz des Abzugs dieses Gegenwartswertes kann die aus den beiden Steuerfällen resultierende Gesamtsteuerbelastung deutlich höher sein als die Steuerschuld, die entstanden wäre, wenn von vornherein die vorweggenommene Erbfolge durch Betriebsübertragung vollzogen worden wäre. Der Mehrbetrag steigt im Allgemeinen mit der Länge des Zeitraumes, der zwischen beiden Steuerfällen liegt. Keine Mehrsteuer konnte zwar nach der früheren höchstrichterlichen Rechtsprechung[65] anfallen, wenn die beiden Zuwendungsvorgänge innerhalb des in § 14 ErbStG angesprochenen Zehnjahreszeitraumes verwirklicht wurden. Die nach dieser Vorschrift gebotene Zusammenrechnung kann danach nur zu dem Steuerbetrag führen, der sich ergeben hätte, wenn von vornherein das zunächst nur zu Nutzung überlassene Wirtschaftsgut zugewendet worden wären. Diese Rechtsprechung hat der BFH indes mit Urteil vom 07.10.1998 II R 94/96[66] aufgegeben.

Wird bei der Zuwendung eines Unternehmensnießbrauchs das betriebliche Umlaufvermögen unentgeltlich auf den Nießbraucher übertragen, sind diese Wirtschaftsgüter mit ihren Steuerwerten in dem (auch das Nutzungsrecht mit seinem Kapitalwert umfassenden) Gesamtsteuerwert der (einheitlichen) Zuwendung einzubeziehen. Dabei können – anders als beim Nutzungsrecht, das im Privatvermögen entsteht – die Bewertungsgrundsätze des § 12 Abs. 5 ErbStG greifen, so dass die Steuerbilanzwerte bzw. die ertragsteuerlichen Werte anzusetzen sind.

Von dem Unternehmensnießbrauch ist der Ertragsnießbrauch zu unterscheiden, der dem Berechtigten zwar einen Anspruch auf den fortlaufend erzielten Jahresgewinn (oder im Falle eines so genannten Quotennießbrauchs auf einen Teil dieses Gewinnes),

---

[65] BFH-Urteil vom 12.07.1979 II R 41/77, BStBl II 1979, 740
[66] BStBl II 1999, 25

nicht aber das Recht auf eigenständige Betriebsführung gewährt. Für die Ermittlung des Kapitalwertes ergeben sich daraus – was die Höhe des Jahreswertes anbelangt – meist keine Unterschiede. Bedeutsam kann die Beschränkung der Nutzung auf den Betriebsgewinn indes für die Höchstwertbegrenzung (§ 16 BewG) sein. Sie kann nämlich nur greifen, wenn es sich trotz dieser Beschränkung des Nutzungsrechtes um die Nutzung des Betriebes als ein Inbegriff von Vermögensgegenständen, also nicht lediglich um einen Anspruch auf fortlaufende Gewinnbeteiligung handelt[67]. Letzteres ist z.B. anzunehmen, wenn dem Bedachten ein Mindestgewinn auch für den Fall zugesichert wird, dass der Betrieb Verluste erwirtschaftet[68].

6.2.3.2 Zuwendungsnießbrauch an Einzelwirtschaftsgütern

Beschränkt der Betriebsinhaber den in vorweggenommener Erbfolge eingeräumten Nießbrauch (oder ein obligatorisches Nutzungsrecht) auf einzelne Wirtschaftsgüter des Betriebsvermögens, entspricht der Kapitalwert des Nutzungsrechtes einem Vielfachen des Jahreswerts der Nutzung dieser Wirtschaftsgüter, wobei es – was die Dauer der Nutzung anbelangt – auf die nach dem Besteuerungszeitpunkt noch laufende Bezugsberechtigung ankommt. Ist der Jahreswert ungewiss oder schwankt er, gilt auch insoweit § 15 Abs. 3 BewG, wonach als Jahreswert der Betrag anzusetzen ist, der im Durchschnitt der Jahre voraussichtlich erzielt wird. Bei der Schätzung des Durchschnittswertes können trotz des auch für die Erbschaft-(Schenkung-)steuer geltenden Stichtagsprinzip ausnahmsweise Ereignisse berücksichtigt werden, die in nicht allzu langer Zeit nach dem Stichtag eingetreten sind (R 113

---

67 BFH-Urteil vom 11.02.1966 III 182/62, BStBl III 1966, 307
68 BFH-Urteile vom 27.07.1983 II R 221/81, BStBl II 1983, 740; vom 07.09.1994 II R 127/91, BFH/NV 1995, 342

Satz 4 ErbStR). Bei Nutzungen, die nicht in Geld, sondern in Gebrauchsvorteilen und Sachbezügen bestehen, sind nach § 15 Abs. 2 BewG die üblichen Mittelpreise des Verbrauchortes anzusetzen. Dabei kann z.b. von den Sätzen ausgegangen werden, die am Bewertungsstichtag beim Steuerabzug vom Arbeitslohn und bei der Sozialversicherung für Deputate in der Land- und Forstwirtschaft gelten.

Zu beachten ist auch bei Nutzungen an Einzelwirtschaftsgütern die Höchstwertbegrenzung des § 16 BewG. Für die Bemessung des danach maßgeblichen Höchstwertes ist von Bedeutung, ob das Wirtschaftsgut trotz der Bestellung des Nießbrauchsrechtes weiterhin Betriebsvermögen bleibt oder ob es in das Privatvermögen wechselt. Bleibt es Betriebsvermögen, ist der Steuerbilanzwert bzw. der ertragsteuerliche Wertansatz der „nach den Vorschriften des BewG anzusetzende Wert" i. S. d. § 16 BewG, während bei einem Wechsel der Vermögensart grundsätzlich der gemeine Wert (§ 9 BewG) zugrunde zu legen ist.

Ob ein Wirtschaftsgut durch die Einräumung eines Nutzungsrechtes aus dem Betriebsvermögen ausscheidet, hängt davon ab, ob dadurch der persönliche oder sachliche Betriebszusammenhang gelöst wird. So wird z.B. der persönliche Zusammenhang gelöst, wenn der Nutzungsberechtigte (ausnahmsweise) wirtschaftlicher Eigentümer des Wirtschaftsgutes wird. Dagegen wird der sachliche Zusammenhang trotz eines unentgeltlich bestellten Nutzungsrechts, das die bisherige Nutzung im Rahmen der betrieblichen Funktionseinheit vorläufig beendet, dann gewahrt, wenn der Bedachte als präsumtiver Erbe zu einem späteren Zeitpunkt Betriebsnachfolger werden soll und die an der Bestellung des Nutzungsrechtes Beteiligten von einer dahingehenden Nachfolgeregelung ausgehen, diese also Geschäftsgrundlage der (sich als freigebige Zuwendung darstellen) Nutzungsvereinbarung ist. Auch wenn die Einräumung des Nutzungsrechtes als Maßnahme der vorweggenommenen Erbfolge auf privaten Gründen beruht, wird der betriebliche Zusammenhang bei einer derartigen Gestaltung, die den Nutzungsgegenstand nur zeitweilig von dem betrieblichen Organismus trennt, nicht endgültig unterbrochen.

6.2.4 Schenkung auf den Todesfall

Kann sich ein Betriebsinhaber, der bereits unter mehreren präsumtiven Erben einen Betriebsnachfolger ausgewählt hat, (noch) nicht zu einer lebzeitigen Betriebsübergabe entschließen, so kann er, wenn er sich andererseits auf die erbrechtlichen Gestaltungsmittel nicht beschränken will, weil der erkorene Betriebsnachfolger nicht Alleinerbe sein soll und die anderen letztwilligen Anordnungen zur Regelung der Unternehmensnachfolge (Betriebsvermächtnis oder Teilanordnung) noch Erfüllungshandlungen der Miterben erfordern, auch eine Schenkung auf den Todesfall in Erwägung ziehen. Sie ist eine auf einem lebzeitigen Rechtsgeschäft (Schenkungsvertrag) zwischen dem Betriebsinhaber und seinem Nachfolger beruhende Vermögensverschiebung, die erst mit dem Tod des bisherigen Vermögensinhabers eintritt und mit einer Überlebensbedingung verknüpft.

Erbschaftsteuerlich ist die Schenkung auf den Todesfall wegen ihrer Verknüpfung mit dem Tod des Zuwendenden in Anlehnung an die Regelung in § 2301 BGB den Erwerben von Todes wegen zugeordnet. Der Erwerb des Bedachten verwirklicht den Steuertatbestand des § 3 Abs. 1 Nr. 2 Satz 1 ErbStG, sofern das lebzeitige Rechtsgeschäft, aus dem dieser beim Tod des einen Vertragspartner anfallende Erwerb resultiert, die objektiven und subjektiven Merkmale des steuerlichen Zuwendungstatbestandes erfüllt[69]. Hat der Bedachte Gegenleistungen zu erbringen, deren

---

[69] Im Urteil vom 05.12.1990 II R 109/86 (BStBl II 1991, 181) hat der BFH anerkannt, dass entgegen seiner früheren Rechtssprechung auch die

Wert aber hinter dem Wert der Zuwendung deutlich zurückbleibt, so ist auch die Schenkung auf den Todesfall als gemischt-freigebige Zuwendung zu behandeln, bei der die steuerbare Bereicherung an sich im Wege einer Verhältnisrechnung zu ermitteln ist. In R 6 Sätze 3 und 4 ErbStR wird aber eine Saldierung – d.h. der Abzug des Steuerwerts der Gegenleistung und Leistungsauflagen vom Steuerwert des Zuwendungsobjekts - zugelassen. Ist Empfänger der Gegenleistung ein Dritter, dessen Erwerb ebenfalls überlebensbedingt ist, kann eine weitere Schenkung auf den Todesfall vorliegen, die auf dem Valutaverhältnis zwischen dem Verstorbenen und dem Drittbegünstigten beruht und vom Steuertatbestand des § 3 Abs. 1 Nr. 4 ErbStG erfasst wird.

Gegenstand der mit dem Tod des bisherigen Betriebsinhabers zugunsten des Bedachten eintretenden Vermögensverschiebung ist bei einer das Betriebsvermögen umfassenden Schenkung auf den Todesfall entweder eine gegen die Erben gerichteter Anspruch auf Betriebsübertragung, dessen Vollzug nach dem sachrechtlichen Bestimmtheitsgrundsatz eine Vielzahl einzelner Erfüllungshandlungen erfordert, oder aber der Betrieb (bzw. die zum Betriebsvermögen gehörende Wirtschaftsgüter). Maßgebend ist dafür, ob es sich um eine bereits vollzogene oder um eine noch nicht vollzogene Schenkung auf den Todesfall handelt. Letzteres ist der Fall, wenn nur das – einen Erfüllungsanspruch begründete – Verpflichtungs- oder Kausalgeschäft überlebensbedingt zustande gekommen ist. Der Betrieb geht dann zunächst als Nachlassbestandteil auf die Erben über, so dass eine ähnliche Situation wie bei einem Betriebsvermächtnis entsteht. Hat der verstorbene Schenker indes auch die Erfüllungshandlungen schon überlebensbedingt vollzogen, geht das Betriebsvermögen im Fall seines

---

Schenkung auf den Todesfall neben der Bereicherung des Bedachten eine (vertragliche) Einigung über die Unentgeltlichkeit erfordert.

Ablebens unmittelbar – d.h. ohne in den Nachlass zu gelangen – auf den überlebenden Bedachten über, sofern der Vollzug aufschiebend bedingt war, bzw. verbleibt ihm endgültig, sofern die Überlebensbedingung als auflösende Bedingung gewollt war. Zivilrechtlich wird die vollzogene Schenkung mit Überlebensbedingung wie andere Schenkungen unter Lebenden behandelt (§ 2301 Abs. 2 BGB), während auf das noch nicht vollzogene Schenkungsversprechen auf den Todesfall die erbrechtlichen Vorschriften über Verfügungen von Todes wegen Anwendung finden (§ 2301 Abs. 1 BGB).

Ob die Überlebensbedingung eine aufschiebende oder eine auflösende Bedingung ist, muss – sofern die Vertragsparteien keine eindeutigen Formulierungen gewählt haben – die Vertragsauslegung ergeben. Aufschiebend ist sie dann, wenn es nach dem Willen der Vertragsparteien nur für den Fall zu einer Vermögensverschiebung kommen soll, dass der Bedachte den Schenker überlebt. Die Bedingung fällt dann mit dem Vorversterben des Bedachten endgültig aus. Soll dagegen der Zuwendungsgegenstand zunächst in das Vermögen des Bedachten gelangen und nur im Falle seines Vorversterbens wieder an den Zuwendenden zurückfallen, so handelt es sich um eine auflösende Bedingung.

Für die Vertragsauslegung ist in dieser Hinsicht von Bedeutung, ob sich die Überlebensbedingung (auch) auf das Erfüllungsgeschäft bezieht, was voraussetzt, dass die Schenkung bereits zu Lebzeiten des Schenkers (überlebensbedingt) vollzogen worden ist. Ist dies der Fall, so ist nach dem BFH-Urteil vom 05.12.1990 II R 109/86[70] die Überlebensbedingung i. d. R. als auflösende Bedingung zu verstehen, was steuerlich zur Folge hat, dass die überlebensbedingte Schenkung als freigebige Zuwen-

---

[70] BStBl II 1991, 181

dung unter Lebenden (§ 7 Abs. 1 Nr. 1 ErbStG) zu werten ist, bei der die Steuer bereits mit dem lebzeitigen (wenn auch auflösend bedingten) Vollzug entsteht (§ 9 Abs. 1 Nr. 2 ErbStG). Für diese Vertragsdeutung spricht, dass ein Schenker, der die Zuwendung bereits vollzogen hat, bereit ist, das Zuwendungsobjekt schon zu Lebzeiten einem Anderen zu überlassen und mit der Überlebensbedingung im Allgemeinen nur verhindern will, dass dieser Gegenstand im Falle des Vorversterbens des Bedachten in dessen Nachlass fällt. Ist ein Betrieb Zuwendungsobjekt, kann die besondere Interessenlage der Beteiligten indes eine andere Vertragsauslegung ergeben. Dies kann vor allem dann gelten, wenn der Zuwendende sich die Betriebsführung vorbehält. Ein solcher Vorbehalt ist ein deutliches Indiz dafür, dass der Zuwendende sich zu Lebzeiten noch nicht endgültig vom dem Betrieb und seinen unternehmerischen Aufgaben trennen will. Ist danach die Überlebensbedingung als aufschiebende Bedingung zu deuten, so kann die Steuer für den dann anfallenden Erwerb von Todes wegen (§ 3 Abs. 1 Nr. 2 Satz 1 ErbStG) erst mit dem Tod des Zuwendenden entstehen (§ 9 Abs. 1 Nr. 1 ErbStG). Der Vorteil der vollzogenen Schenkung auf den Todesfall, der darin besteht, dass der Betrieb im Todesfall nicht in den Nachlass gelangt, sondern unmittelbar vom bisherigen Betriebsinhaber auf den erkorenen Betriebsnachfolger übergeht, bleibt aber gewahrt.

7 Berechnung der Erbschaftsteuer

Die Höhe der Steuer hängt vom Verwandtschaftsgrad der Beteiligten ab. Entsprechend werden die Erwerber nach Maßgabe des § 15 ErbStG in drei Steuerklassen eingeteilt. Hiernach richten sich der persönliche Freibetrag (§ 16 ErbStG) und der Tarif (§ 19 ErbStG), d. h. der Prozentsatz, der auf den um die Freibeträge geminderten steuerpflichtigen Erwerb angewandt wird.

Bereicherung des Erwerbers

+ (ggf.) hinzuzurechnende Vorerwerbe i. S. d. § 14 ErbStG

./. persönliche Freibeträge (§ 16 ErbStG)

./. Versorgungsfreibetrag (§ 17 ErbStG)

= steuerpflichtiger Erwerb (Bemessungsgrundlage für die Steuer)

7.1 Steuerklassen

Nach den persönlichen Verhältnissen des Erwerbers zum Erblasser oder Schenker werden drei Steuerklassen unterschieden (§ 15 Abs. 1 ErbStG). Nach der Steuerklasse bestimmt sich der persönliche Freibetrag, bis zu dem der Erwerb steuerfrei bleibt und der auf den steuerpflichtigen Erwerb anzuwendende Steuersatz.

Steuerklasse I

Hierunter fallen

    1. der Ehegatte,

    2. die Kinder und Stiefkinder,

    3. die Abkömmlinge verstorbener Kinder und Stiefkinder,

    4. die Eltern und Voreltern bei Erwerben von Todes wegen.

Hat sich jemand in einem Vertrag, durch den ihm ein Grundstück geschenkt worden ist, verpflichtet, Miteigentumsanteile an dem Grundstück auf seine Kinder zu übertragen, wobei es ihm freigestellt worden ist, den Zeitpunkt der Weiterübertragung selbst zu bestimmen, und überträgt er entsprechende Miteigentumsanteile zu seinen Lebzeiten auf seine Kinder, so ist dieser Erwerb der Kinder als Erwerb von einem Elternteil zu verstehen[71].

Da eine Verlobung als Vorstufe der Ehe nicht unter den besonderen Schutz des Art. 1 Abs. 1 GG fällt, ist die Anwendung der ungünstigsten Steuerklasse beim Erwerb vom Verlobten keine unbillige sachliche Härte. Die Voraussetzungen einer unbilligen sachlichen Härte (§§ 163, 227 AO) liegen aufgrund des eindeutigen Gesetzeswortlauts in den Fällen nicht vor[72].

Steuerklasse II

Hierunter fallen

1. die Eltern und Voreltern, soweit sie nicht zur Steuerklasse I gehören (bei Erwerb unter Lebenden),

2. die Geschwister,

3. die Abkömmlinge ersten Grades von Geschwistern (Neffen, Nichten),

4. die Stiefeltern,

5. die Schwiegerkinder,

6. die Schwiegereltern,

7. der geschiedene Ehegatte.

---

[71] BFH-Urteil vom 14.07.1982, BStBl 1982 II, 736
[72] BFH-Urteil vom 23.03.1998, BStBl 1998 II, 396

Die Steuerklassen I und II Nr. 1 bis 3 gelten auch dann, wenn die Verwandtschaft durch Annahme als Kind bürgerlich-rechtlich erloschen ist (§ 15 Abs. 1a ErbStG).

Als Abkömmlinge im Sinne des § 15 ErbStG (Steuerklasse I Nr. 3 und Steuerklasse II Nr. 3) sind auch Adoptivkinder und Stiefkinder anzusehen.

Steuerklasse III

Hierunter fallen alle übrigen Erwerber und die Zweckzuwendungen.

7.2 persönliche Freibeträge

Die Freibeträge betragen in

Steuerklasse I

1. Ehegatten		307.000 Euro
2. Kinder und Kinder verstorbener Kinder		205.000 Euro
3. alle übrigen Erwerber		51.200 Euro
Steuerklasse II		10.300 Euro
Steuerklasse III		5.200 Euro
Beschränkt Steuerpflichtige		1.100 Euro

7.3 Steuersätze

7.3.1 Erbschaftsteuertarif

Grundlage für die Höhe der Erbschaftsteuer ist der steuerpflichtige Erwerb, der sich nach Abzug der Freibeträge der jeweiligen Steuerklasse und dem hierauf anzuwendenden Tarif ergibt. Der Prozentsatz richtet sich nach der Steuerklasse und nach dem Wert des steuerpflichtigen Erwerbs. Die Eingangsstufe und die Progression sind für jede Steuerklasse unterschiedlich gestaltet.

Nach der Reform des Erbschaftsteuergesetzes durch das JStG 1997 ist der Tarif insofern erheblich vereinfacht worden, als die Steuerklassen von vier auf drei vermindert und die Tarifstufen von 25 auf sieben reduziert worden sind.

Die ErbSt wird nach folgenden Prozentsätzen erhoben:

Wert des steuerpflichtigen Erwerbs (§ 10 ErbStG) bis einschl. ... Euro	Prozentsatz		
	Steuerklasse I	Steuerklasse II	Steuerklasse III
52.000	7	12	17
256.000	11	17	23
512.000	15	22	29
5.113.000	19	27	35
12.783.000	23	32	41
25.565.000	27	37	47
darüber	30	40	50

Abbildung 6: Erbschaftsteuertarif

7.3.2 Progressionsvorbehalt

Ist im Fall der unbeschränkten Steuerpflicht nach Maßgabe des § 2 Abs. 1 Nr. 1 ErbStG ein Teil des Vermögens der inländischen Besteuerung aufgrund eines Abkommens zur Vermeidung der Doppelbesteuerung (DBA) entzogen, ist die Steuer nach dem Steuersatz zu erheben, der für den ganzen Erwerb gelten würde (§ 19 Abs. 2 ErbStG). Diese Vorschrift trägt dem Umstand Rechnung, dass die Doppelbesteuerung mit der Schweiz (Art. 10 Abs. 1 DBA-Schweiz) sowie mit Österreich (Art. 7 DBA-Österreich) zur Vermeidung der Doppelbesteuerung eines Erwerbers die Freistellungsmethode vorsehen. Der Progressionsvorbehalt des § 19 Abs. 2 ErbStG bedeutet für einen in Deutschland unbeschränkt steuerpflichtigen Erwerber, dass auf seinen steuerpflichtigen Erwerb – unbeschadet des freigestellten Vermögens – der Steuersatz anzuwenden ist, der sich für den gesamten steuerpflichtigen Erwerb unter Einbeziehung des freigestellten Vermögens ergeben würde. Dieserart wird sichergestellt, dass der Erwerb – neben der Freistellung des DBA-begünstigten Vermögens – nicht auch noch von einer günstigeren Wertstufe des Steuertarifs profitiert.

Ein Progressionsvorbehalt im Sinne des § 19 Abs. 2 ErbStG muss im DBA selbst vorgesehen sein[73]. Bei DBA, die das Anrechnungsverfahren vorsehen, ist der Progressionsvorbehalt ohne Bedeutung (H 75 ErbStH).

7.3.3 Härteausgleich

Da das Überschreiten der jeweiligen Wertstufen dazu führen kann, dass bei Anwendung des höheren Steuersatzes auf den ganzen Erwerb die Mehrsteuer höher ist als der die Wertstufe übersteigende Betrag, sieht § 19 Abs. 3 ErbStG einen so genannten Härteausgleich vor. Hiernach wird der Unterschied zwischen der Steuer, die sich bei Anwendung des § 19 Abs. 1 ErbStG ergibt, und der Steuer, die sich berechnen würde, wenn der Erwerb die letzt vorhergehende Wertgrenze nicht überstiegen hätte, nur insoweit erhoben, als er

a) bei einem Steuersatz von bis zu 30% aus der Hälfte,

b) bei einem Steuersatz über 30% bis zu 50% aus drei Vierteln

des bei Wertgrenze übersteigenden Betrages gedeckt werden kann.

Der Härteausgleich nach § 19 Abs. 3 ErbStG ist fester Bestandteil der Tarifvorschrift. Er ist in allen Fällen anzuwenden, in denen eine Steuerberechnung tatsächlich oder fiktiv erfolgt, d.h. auch in den Fällen der § 6 Abs. 2, § 10 Abs. 2, §§ 14 und 15 Abs. 3 sowie §§ 19a, 23 und 25 ErbStG (H 75 ErbStH).

---

[73] BFH-Urteil vom 09.11.1966, BStBl 1967 III, 88

7.4 Tarifbegrenzung durch Entlastungsbetrag

Die Vorschrift des § 19a ErbStG stellt sicher, dass begünstigtes Betriebsvermögen, land- und forstwirtschaftliches Vermögen sowie Anteile an Kapitalgesellschaften bei allen Erwerbern nur nach dem Tarif der Steuerklasse I besteuert wird. Erreicht wird dieses Ziel durch Berücksichtigung eines so genannten Entlastungsbetrags. Sind demnach in dem steuerpflichtigen Erwerb einer natürlichen Person der Steuerklasse II und III Betriebsvermögen, land- und forstwirtschaftliches Vermögen oder Anteile an Kapitalgesellschaften im Sinne des § 19a Abs. 2 ErbStG enthalten, ist von der tariflichen ErbSt ein Entlastungsbetrag nach Maßgabe des § 19a Abs. 4 ErbStG abzuziehen (§ 19 Abs. 1 ErbStG).

7.4.1 begünstigte Erwerbe und Erwerber

Hinsichtlich der begünstigten Erwerbe von Todes wegen verweist R 76 Abs. 1 Satz 1 ErbStR auf den zu § 13a ErbStG ergangenen R 55 ErbStR, der im Geltungsbereich des § 19a ErbStG entsprechend anzuwenden ist. Demnach zählen zu den begünstigten Erwerben von Todes wegen neben der gesetzlichen und gewillkürten Erbfolge

- Fälle der Vor- und Nacherbschaft,

- der Erwerb durch Vermächtnis,

- der Erwerb durch Schenkung auf den Todesfall,

- der Anwachsungserwerb,

- der Erwerb durch Vertrag zugunsten Dritter,

- der Übergang von Vermögen auf eine vom Erblasser angeordnete Stiftung,

- der Erwerb infolge Vollziehung einer vom Erblasser angeordnete Auflage,

- der Erwerb infolge Erfüllung einer vom Erblasser gesetzten Bedingung,

- der Übergang eines Anteils an einer Personengesellschaft aufgrund von Nachfolgeklauseln.

Die Anwendung des § 19a ErbStG ist bei Zuwendung unter Lebenden nicht auf Schenkungen im Wege der vorweggenommenen Erbfolge beschränkt. Vielmehr liegt eine Übertragung von begünstigten Vermögen durch Schenkung unter Lebenden auch dann vor, wenn der Schenker dem Bedachten einen Geldbetrag mit der Auflage zuwendet, dass der Erwerber sich damit am Betriebsvermögen oder land- und forstwirtschaftlichen Vermögen des Schenkers beteiligt oder vom Schenker unmittelbar gehaltene Anteile an einer Personengesellschaft oder Kapitalgesellschaft erwirbt. Nach R 76 Abs. 1 Satz 4 ErbStR ist die mittelbare Schenkung hingegen nicht begünstigt, wenn die Beteiligung am Vermögen eines Dritten erfolgen soll, da insoweit kein begünstigtes Vermögen vom Schenker auf den Erwerber übergeht.

Nach dem eindeutigen Wortlaut des § 19a Abs. 1 ErbStG kommt die Tarifbegrenzung durch Entlastungsbetrag nur beim Erwerb durch eine natürliche Person der Steuerklasse II – hierunter fallen z.B. Eltern und Voreltern bei Zuwendungen unter Lebenden, Geschwister, Nichten und Neffen – sowie die Steuerklasse III in Betracht. Folglich sind Erwerbe durch nichtnatürliche Personen nicht begünstigt (R 76 Abs. 2 Satz 2 ErbStR): für diesen Personenkreis kann lediglich eine Entlastung nach Maßgabe des § 13a ErbStG in Frage kommen.

7.4.2 begünstigtes Vermögen

Der Umfang des begünstigten Vermögens in § 19a Abs. 2 ErbStG ist identisch mit demjenigen nach § 13a Abs. 4 ErbStG. R 77 Satz 2 ErbStR trägt dem Umstand Rechung, dass das auf einen

Erwerber übertragene begünstigte Vermögen mehrere selbstständig zu bewertende wirtschaftliche Einheiten einer Vermögensart oder mehrere Arten begünstigten Vermögens umfassen kann. In diesen Fällen sind deren Werte vor Anwendung des § 19a Abs. 3 ErbStG zusammenzurechnen. Eine Tarifbegrenzung durch Entlastungsbetrag kommt nicht in Betracht, wenn der Steuerwert des gesamten begünstigten Vermögens nicht insgesamt positiv ist (R 77 Satz 3 ErbStR).

7.4.3 Berechnung des Entlastungsbetrags

Die Berechnung des Entlastungsbetrags ist Gegenstand des § 19a Abs. 3 und 4 ErbStG. Nach § 19a Abs. 3 ErbStG bemisst sich der auf begünstigtes Vermögen im Sinne des § 19a Abs. 2 ErbStG entfallenden Anteil an der tariflichen ErbSt nach dem Verhältnis des Werts dieses Vermögens nach Anwendung des § 13a ErbStG zum Wert des gesamten Vermögensanfalls. Maßgebend ist dabei der Vermögensanfall, soweit er der Besteuerung nach dem ErbStG unterliegt (§ 10 Abs. 1 Satz 2 ErbStG). Nach R 79 Abs. 1 ErbStR ist dazu der Steuerwert des gesamten übertragenen Vermögens um die Befreiung nach den §§ 13, 13a ErbStG zu kürzen, nicht jedoch um die Nachlassverbindlichkeiten oder die bei Schenkungen abzugsfähigen Schulden und Lasten sowie die persönlichen Freibeträge. Außer Ansatz bleibt auch Vermögen, das aufgrund einer Freistellung in einem DBA in Deutschland nicht der Besteuerung unterworfen werden darf.

Der Entlastungsbetrag und die festzusetzende Steuer ergeben sich nach § 19a Abs. 4 ErbStG in vier Berechnungsschritten:

(1) Gemäß § 19a Abs. 3 ErbStG ist zunächst das Verhältnis des begünstigten Vermögens, und zwar nach Berücksichtigung von Freibetrag und Bewertungsabschlag (§ 13a ErbStG), zum gesamten Vermögensanfall zu berechnen.

(2) Für den steuerpflichtigen Erwerb ist zunächst die Steuer nach der tatsächlichen Steuerklasse des Erwerbers zu berechnen und nach Maßgabe des § 19a Abs. 3 ErbStG aufzuteilen.

(3) Die auf den steuerpflichtigen Erwerb entfallende Steuer ist zusätzlich fiktiv nach Steuerklasse I zu bestimmen und unter Rückgriff auf § 19a Abs. 3 ErbStG aufzuteilen.

(4) Der Entlastungsbetrag (= Unterschiedsbetrag zwischen den Steuerbeträgen, die auf den begünstigten Erwerb entfallen) ist sodann von der Steuer der tatsächlichen Steuerklasse abzuziehen.

Da die Härteausgleichsregelung des § 19 Abs. 3 ErbStG Bestandteil der Tarifvorschrift ist, ist diese bei den Berechnungen zur Ermittlung des Entlastungsbetrags zu beachten. Für die Höhe des persönlichen Freibetrags bleibt im Rahmen der Ermittlung des steuerpflichtigen Erwerbs die tatsächliche Steuerklasse des Erwerbers maßgebend (R 79 Abs. 2 Satz 3 ErbStR).

Ein Erwerber kann den Entlastungsbetrag nicht in Anspruch nehmen, soweit er das Vermögen im Sinne des § 19a Abs. 2 Satz 1 ErbStG aufgrund einer letztwilligen Verfügung des Erblassers oder einer rechtsgeschäftlichen Verfügung des Erblassers oder Schenkers auf einen Dritten überträgt. Nach R 78 Abs. 2 Satz 1 ErbStR ist der zur Weitergabe des begünstigten Vermögens verpflichtete Erwerber so zu besteuern, als sei das herauszugebende Vermögen auf ihn als nicht begünstigtes Vermögen übergegangen. Folglich steht der Entlastungsbetrag nach § 19a Abs. 1 ErbStG demjenigen zu, der infolge der Weitergabeverpflichtung das begünstigte Vermögen erhält und bei der Ermittlung seines steuerpflichtigen Erwerbs zu versteuern hat.

7.5 Steuerminderung bei mehrfachem Erwerb desselben Vermögens

Bei mehrfachem Erwerb desselben Vermögens innerhalb kurzer Zeit durch Personen des engsten Familienkreises kann es zu einer ungerechtfertigten und unerwünscht hohen Erbschaftsteuerbelastung kommen. Diesem Umstand trägt der Grundgedanke des § 27 ErbStG Rechnung, indem bei einem mehrfachen Übergang desselben Vermögens innerhalb von zehn Jahren auf den begünstigten Erwerberkreis die auf dieses Vermögen entfallende Steuer bis höchstens 50 % ermäßigt werden soll, soweit das in Rede stehende Vermögen beim Vorerwerber der Besteuerung unterlag. Die Ermäßigung ist in Abhängigkeit der Zeit zwischen Vorerwerb und Letzterwerb gestaffelt.

7.5.1 Voraussetzungen

Begünstigter Personenkreis

Die Ermäßigung greift nach § 27 Abs. 1 ErbStG nur dann, wenn Personen der Steuerklasse I von Todes wegen Vermögen anfällt, das in den letzten zehn Jahren vor dem Erwerb bereits von Personen dieser Steuerklasse erworben worden ist und für das nach diesem Gesetz eine Steuer zu erheben war. Sowohl der Vorerwerb als auch der Letzterwerb muss zwischen Personen der Steuerklasse I erfolgt sein. Aus dem Wortlaut des § 27 Abs. 1 ErbStG ist herzuleiten, dass das Angehörigkeitsverhältnisse aus der Warte des jeweiligen Erwerbsvorgangs zu bestimmen ist. Daraus folgt, dass sowohl beim früheren Erwerb gesondert zu prüfen ist, ob die Steuerklasse I – in Abhängigkeit des persönlichen Verhältnisses der Beteiligten – einschlägig ist. Unerheblich ist hingegen das Verhältnis des Letzterwerbers zum ursprünglichen Vermögensinhaber.

Umgekehrt wäre § 27 ErbStG nicht anwendbar, wenn nur im Verhältnis zwischen dem ursprünglichen Vermögensinhaber und

dem Letzterwerber Steuerklasse I einschlägig wäre, beim Zweiter-
werber hingegen Steuerklasse II oder III zu beachten wäre.

Hat im Fall der Nacherbschaft der Nacherbe von der Möglichkeit
des § 6 Abs. 2 Satz 2 ErbStG[74] Gebrauch gemacht, ist der Besteuerung sein Verhältnis zum Erblasser zugrunde zu legen. Unterfällt
infolgedessen der Erwerb des Nacherben der Steuerklasse I, sind
die Anwendungsvoraussetzungen des § 27 Abs. 1 ErbStG zu beja-
hen. Übernimmt der zweite Erwerber vom überlebenden Ehegatten
im Rahmen eines Berliner Testaments (§ 2269 BGB) und liegen die
Voraussetzungen des § 15 Abs. 3 ErbStG vor, so kann der letzte
Erwerber auch im Rahmen des § 27 ErbStG als Erbe des erstver-
sterbenden Ehegatten angesehen werden, wenn das für ihn steuerlich günstiger ist. Bei einer Abfindung für einen Erbverzicht, der
in § 7 Abs. 1 Nr. 5 ErbStG als schenkungsteuerlich relevanter
Tatbestand ausgewiesen ist, liegt ein Erwerb des Verzichtenden
vom künftigen Erblasser vor, und zwar auch in den Fällen, in denen die Abfindung von einem Dritten erbracht wird. Das Verhältnis von Verzichtendem zum künftigen Erblasser ist mithin auch
im Anwendungsbereich des § 27 ErbStG zu beachten.

Für die Bestimmung des für die Steuerklasse maßgeblichen An-
gehörigkeitsverhältnisses ist auf den Zeitpunkt des Erwerbs abzustellen, für den die Ermäßigung nach § 27 ErbStG in Anspruch
genommen wird[75]. Im Übrigen können tatsächliche Änderungen
(z.B. Heirat, Adoption) zwischen den beiden Erwerbern nicht auf
den Zeitpunkt des Vorerwerbs zurückwirken.

Letzterwerb von Todes wegen

---

[74] § 6 Abs. 2 Satz 2 ErbStG: „ Auf Antrag ist der Versteuerung das Verhältnis des Nacherben zum Erblasser zugrunde zu legen.“
[75] FG Berlin vom 10.03.1992, EFG 1992, 470

Unter Hinweis auf den Wortlaut des § 27 Abs. 1 ErbStG ist diese Vorschrift nur auf Erwerbe von Todes wegen anwendbar. Die Ermäßigung nach § 27 Abs. 1 ErbStG soll – so der Wille des Gesetzgebers – nur bei Erwerb von Todes wegen greifen, um dieserart den Rückgriff auf diese Vorschrift zum Zwecke der Steuerersparnis zu vermeiden. Unter Hinweis auf § 1 Abs. 2 ErbStG, wonach die Vorschriften über Erwerbe von Todes wegen auch für Schenkungen unter Lebenden gelten, war mitunter die Auffassung vertreten worden, § 27 ErbStG sei auch bei der freiwilligen Weitergabe erworbenen Vermögens anwendbar. Nach der höchstrichterlichen Rechtsprechung[76] kann die Schenkungsteuer nicht durch den Rückgriff auf § 27 ErbStG ermäßigt werden. R 1 Satz 3 Nr. 7 ErbStR enthält in diesem Sinne den klarstellenden Hinweis auf die Nichtanwendbarkeit des § 27 ErbStG bei Schenkungen. Unschädlich und damit einer Steuerermäßigung nach § 27 Abs. 1 ErbStG nicht entgegenstehend ist allerdings der Umstand, dass ein früherer Vermögensübergang auf eine Schenkung unter Lebenden zurückzuführen ist, da die Einschränkung des Gesetzes auf Erwerbe von Todes wegen nur für den nachfolgenden Erwerb, d.h. den Letzterwerb gilt.

Übergang desselben Vermögens

Da § 27 Abs. 1 ErbStG den Übergang von Vermögen voraussetzt, das seinerseits beim Ersterwerb der Besteuerung unterlegen hat, stellt sich die Frage, ob eine Identität der Vermögensgegenstände gegeben sein muss oder die Fortsetzung des ursprünglich übergegangenen Vermögens in Surrogaten ausreichend ist. Im Gegensatz zur Vorschrift des § 13 Abs. 1 Nr. 10 ErbStG, der auf „Vermögensgegenstände" Bezug nimmt, spricht § 27 Abs. 1 ErbStG lediglich

---

[76] BFH- Urteil vom 16.07.1997, BStBl 1997 II, 625

von „Vermögen", einem Begriff, der eine Gesamtheit geldwerter Gegenstände umschreibt[77]. Damit ist es für die Anwendung des § 27 Abs. 1 ErbStG ausreichend, dass sich das übergegangene Vermögen in Surrogaten fortsetzen kann, mithin eine nachweisbare Kontinuität des Wertsaldos besteht[78]. Im Ergebnis muss eine Art- und Funktionsgleichheit des Vermögensgegenstandes, worauf die Rechtsprechung[79] im Zusammenhang mit § 13 Abs. 1 Nr. 10 ErbStG abstellt, im Anwendungsbereich des § 27 Abs. 1 ErbStG insoweit nicht gegeben sein. Entsprechendes gilt für den Fall, dass der Nacherbe für seinen Verzicht auf das Nacherbenanwartschaftrecht mit Geld abgefunden wird; auch hier ist vom gleichen Vermögen auszugehen[80].

Aufgrund der Ermäßigungshöchstgrenze des § 27 Abs. 3 ErbStG hat die Frage, ob und in welchem Umfang Wertsteigerung des Vermögens zwischen dem Erst- und Letzterwerb von der Ermäßigung des § 27 Abs. 1 ErbStG ausgenommen sind, nur marginale Bedeutung. Nach § 27 Abs. 3 ErbStG ist nämlich eine Entlastung insoweit ausgeschlossen, als die Wertsteigerung noch nicht zur Steuer herangezogen worden ist, somit droht hier keine Mehrfachbelastung des Vermögens. Ist dasselbe Vermögen im Sinne des § 27 Abs. 1 ErbStG nur zum Teil auf den Letzterwerber übergegangen, kann die Ermittlung des Umfangs des begünstigten Vermögensübergangs oftmals nur im Wege der Schätzung nach § 162 AO erfolgen[81].

---

[77] BFH-Urteil vom 22.06.1994, BStBl 1994 II, 656
[78] BFH-Urteil vom 25.03.1974, BStBl 1974 II, 658
[79] BFH-Urteil vom 22.06.1994, BStBl 1994 II. 656
[80] BFH-Urteil vom 30.10.1992, BStBl 1992 II, 46
[81] FG Berlin vom 10.031992, EFG 1992, 470

Zehnjahreszeitraum

§ 27 Abs. 1 ErbStG begrenzt die Ermäßigung in zeitlicher Hinsicht dadurch, dass zwischen den beiden Erwerben kein größerer Zeitabstand als zehn Jahre liegen darf, wobei jeweils der Zeitpunkt maßgeblich ist, in dem die Steuer entstanden ist (§ 9 ErbStG). Unter dieser Voraussetzung bestimmt sich der Prozentsatz der Steuerermäßigung nach der Staffelung in § 27 Abs. 1 ErbStG wie folgt:

um ... v.H.	wenn zwischen den beiden Zeitpunkten der Entstehung der Steuer ... liegen
50	nicht mehr als 1 Jahr
45	mehr als 1 Jahr, aber nicht mehr als 2 Jahre
40	mehr als 2 Jahre, aber nicht mehr als 3 Jahre
35	mehr als 3 Jahre, aber nicht mehr als 4 Jahre
30	mehr als 4 Jahre, aber nicht mehr als 5 Jahre
25	mehr als 5 Jahre, aber nicht mehr als 6 Jahre
20	mehr als 6 Jahre, aber nicht mehr als 8 Jahre
10	mehr als 8 Jahre, aber nicht mehr als 10 Jahre

Abbildung 7: Staffelung der Steuerermäßigung nach § 27 Abs. 1 ErbStG

Bei der Zusammenfassung mehrerer Vorerwerbe nach Maßgabe des § 14 ErbStG kann auch eine Steuerermäßigung nach § 27 ErbStG in Betracht kommen, wenn ein Erwerb von Todes wegen als Letzterwerb folgt. Hierbei ist für die anzuwendende Kürzungsquote auf den Zeitpunkt der einzelnen Vorschenkungen abzustellen[82]. Der auf die Mehrfacherwerbe entfallende Steuerbetrag, d.h. die nach § 14 ErbStG festgesetzte Gesamtsteuer, ist im Verhältnis der einzelnen Vorschenkungen aufzuteilen.

---

[82] BFH-Urteil vom 20.02.1980, BStBl 1980 II, 414

Steuerfestsetzung/ Steuerentrichtung für den Vorerwerb

Voraussetzung für die Steuerermäßigung ist, dass für den Vorerwerb eine Steuer nach „diesem Gesetz zu erheben war" (§ 27 Abs. 1 ErbStG), um damit auch nur Mehrfacherwerbe steuerlich zu begünstigen. Für den Vorerwerb muss mithin tatsächlich eine Steuer festgesetzt worden sein. War für den Erwerb infolge der Freibeträge keine Steuer festzusetzen, bleibt kein Raum für die Anwendung des § 27 ErbStG. Des Weiteren fordert § 27 Abs. 3 ErbStG, dass die Steuer für den Vorerwerb auch entrichtet sein muss. Ist eine an sich gebotene Steuerfestsetzung – aus welchen Gründe auch immer – unterblieben, liegt kein Fall des § 27 ErbStG vor. Ist die Steuer für den Vorerwerb infolge des § 29 ErbStG nachträglich aufgehoben worden, scheidet die Anwendung des § 27 ErbStG ebenfalls aus. § 27 ErbStG bleibt hingegen anwendbar, wenn die Steuer für den Vorerwerb gestundet wurde.

7.5.2 Ermittlung des Ermäßigungsbetrags

Zur Ermittlung des Steuerbetrags, der auf das begünstigte Vermögen entfällt, ist die Steuer auf den Gesamterwerb in dem Verhältnis aufzuteilen, in dem der Wert des begünstigten Vermögens zu dem Wert des steuerpflichtigen Gesamterwerbs ohne Abzugs des dem Erwerber zustehenden Freibetrags steht (§ 27 Abs. 2 ErbStG). Besteht der Nacherwerb nur aus begünstigtem Vermögen, ist der Ermäßigungsbetrag nach dem aus § 27 Abs. 1 ErbStG herzuleitenden Prozentsatz des auf das begünstigte Vermögen bei Zweiterwerb entfallenden Steuerbetrags zu berechnen. Ist hingegen bei Zweiterwerb neben dem begünstigten Vermögen noch weiteres, nicht begünstigtes Vermögen übergangen, kommt es zwecks Berechnung der Steuerermäßigung zu einer Aufteilung des Erwerbs nach Maßgabe des § 27 Abs. 2 ErbStG.

7.5.3 Ermäßigungshöchstbetrag

Die Ermäßigung der Steuer nach § 27 Abs. 1 ErbStG darf den Betrag nicht überschreiten, der sich bei Anwendung der dort genannten Prozentsätze auf die Steuer ergibt, die der Vorerwerber für den Erwerb desselben, d.h. jetzt begünstigten Vermögens tatsächlich entrichtet hat (§ 27 Abs. 3 ErbStG). Aufgrund dieser Vorgabe kommt insoweit als Ausgangsbetrag für die Ermäßigung nach § 27 Abs. 1 ErbStG höchstens die Steuer des Vorerwerbers in Betracht. Aus § 27 Abs. 3 ErbStG folgt, dass u.a. Wertsteigerung desselben Vermögens oder Werterhöhungen infolge gesetzlicher Änderungen (z.B. Ersatz der Einheitsbewertung durch die Bedarfsbewertung nach §§ 138 ff. BewG) nicht an der Vergünstigung des § 27 Abs. 1 ErbStG partizipieren.

8 Erbschaftsteuerreform 2006: fragwürdiger Gesetzesentwurf

Am 4. Mai 2005 hat das Bundeskabinett Beschlüsse zur Senkung der Erbschaft- und Schenkungsteuer bei Übertragung von Betriebsvermögen auf den Weg gebracht. Dieser Entwurf sieht eine unterschiedliche Besteuerung nach der Höhe des Vermögens vor.

Am 29.06.2005 hat der Finanzausschuss die weitere Beratung des Gesetzesentwurfs jedoch vorerst vertagt. Dies geschah auf Grund des Beschlusses von Neuwahlen im Herbst 2005[83].

8.1 Problem und Ziel

Ziel des Gesetzes ist die Erhaltung und Sicherung von Unternehmen. Besonders sollen die Arbeitsplätze „als Stätte produktiven Wachstums und ihrer gesellschaftlichen Funktion als Ort beruflicher und sozialer Qualifikation" [84] gesichert werden. Diese Reform soll eine Entlastung im Hinblick auf die Erbschaft- und Schenkungsteuer für die Generationenfolge bei mittelständigen Unternehmen bringen. Allerdings muss die Vorraussetzung erfüllt sein, dass das von Todes wegen oder zu Lebezeiten übergebende Unternehmen von den Nachfolgern fortgeführt werden.

8.2 Lösung

Durch das Gesetz soll die auf produktiv eingesetztes Vermögen entfallende Erbschaft- und Schenkungsteuer über einen Zeitraum von zehn Jahren zinslos gestundet werden. Die gestundete Steuer soll in zehn Jahresraten erlischen unter der Vorraussetzung einer entsprechenden Betriebsfortführung. Somit erlischt jedes Jahr ein

---

[83] Pressemitteilung vom 29.06.2005
[84] Vorblatt zum Gesetzentwurf der Bundesregierung

Zehntel der Steuerschuld. Führt der Erwerber den Betrieb über zehn Jahre fort, entfällt die Steuer damit gänzlich. Sollte der Unternehmer den Betrieb innerhalb dieses Zehn-Jahreszeitraum aufgeben, so fordert die Finanzverwaltung für die noch nicht abgelaufenen Jahre die verbleibende Steuerschuld nach.

Zur Vermeidung einer nicht gebotenen Entlastung von Unternehmen mit hoher wirtschaftlicher Potenz wird die volle Entlastung von der Steuer auf den Wert des begünstigten Vermögens bis zu 100 Millionen Euro begrenzt. Übersteigt der Wert des auf den Nachfolger übergehenden begünstigten Vermögens diesen Betrag, kommt es für den übersteigenden Teil weiterhin §§ 13a und 19a ErbStG zur Anwendung.

Ein Punkt des Gesetzentwurfes stimmt nachdenklich: Die Freibeträge bei der Übertragung von Betriebsvermögen von 225.000 Euro und die ermäßigte Steuer nach § 13a ErbStG sollen für Unternehmen mit einem Betriebsvermögen von unter 100 Millionen Euro entfallen (§ 13a Abs. 3 ErbStG in der Entwurfsfassung). Hätte somit ein Unternehmer nach dem aktuellen Recht durch die Freibetrags-Regelung keine Schenkungsteuer zu zahlen, könnte er nach dem Gesetzesentwurf zur Steuer herangezogen werden. Dies kann folglich zu einer starken Mehrbelastung der kleinen Unternehmen kommen, die eigentlich mit der neuen Regelung entlastet werden sollten.

8.3 Alternativen

Im weitern Gesetzgebungsverfahren ist von der Bundesregierung zu prüfen, ob das Gesetzesziel noch zielgenauer durch angemessene und vertretbare Maßnahmen erreicht werden kann, die z.B. geringere Anreize bieten für rechtliche und tatsächliche Gestaltungen, nicht produktiv eingesetzte und nicht der unternehmerische Sozialbindung unterliegende Vermögensteile formal einem

vorhandenen oder neu zu schaffenden Betriebsvermögen zuzuord-
nen.

8.4 finanzielle Auswirkungen

Für die Haushalte der Gebietskörperschaften ergeben sich in
den Kassenjahren 2006 bis 2010 die nachfolgenden Auswirkungen:

Gebietskörper-schaften	Steuermehr-/ -mindereinnahmen in Mio. Euro in den Kassenjahren				
	2006	2007	2008	2009	2010
Bund	-	-	-	-	-
Länder	-135	-560	-450	-450	-450
Gemeinden	-	-	-	-	-
Ingesamt	-135	-560	-450	-450	-450

Abbildung 8: Auswirkungen auf die Haushalte[85]

---

85 Abbildung entnommen aus Vorblatt zum Gesetzentwurf

9 Schlussbemerkungen

Wie die vorliegenden Ausführungen zeigen ist es für den Unternehmer sehr wichtig schon zu Lebzeiten die Übergabe seines Betriebsvermögens zu regeln.

Das Fehlen einer letztwilligen Verfügung erhöht deutlich die Wahrscheinlichkeit eines Erbstreites. Die Auswirkungen und die Tragweite solcher Erbstreitigkeiten dürfen nicht unterschätzt werden; nicht selten entstehen nicht nur dauerhafte Störungen des Familienfriedens, sondern auch große finanzielle Schäden für alle Beteiligten. Das Risiko von Erbstreitigkeiten wird durch ein sorgfältig gestaltetes Testament, das den Erben klare Regeln für die Verteilung und Verwaltung des Nachlasses vorgibt deutlich reduziert.

Auch kann durch eine letztwillige Verfügung eine unerwünschte gesetzliche Erbfolge umgangen werden. Der Erblasser kann zu Lebzeiten bestimmen, wer seine Erbschaft erhalten soll und verhindert somit, dass ungewollte Personen zu Erben werden.

Eine vorausschauende Gestaltung der Vermögensnachfolge hilft Risiken zu vermeiden und die Interessen des Erblassers und seiner Angehörigen zu sichern. Durch eine Übergabe von Betriebsvermögen in vorweggenommener Erbfolge kann der Erblasser aktiv bestimmen, wer sein Unternehmen weiterführen soll. Dies hat den großen Vorteil, dass das Unternehmen nach den Vorstellungen des Erblassers weitergeführt wird und dass das Unternehmen, mit samt seinen Arbeitsplätzen, erhalten bleibt. Ist keine Regelung getroffen kommt es oft dazu, dass das Unternehmen nicht nach den Wünschen des Erblassers weitergeführt wird oder auch gar nicht weitergeführt wird.

Auch können durch eine langfristige Planung die aufgezeigten steuerlichen Gestaltungsspielräume optimal ausgenutzt werden. Durch eine langfristige Planung können z.B. auch die Freibeträge in Anspruch genommen werden; wenn gewünscht in einem Zehn-Jahres-Rhythmus.

Besonders begünstigt ist der Wert von Betriebsvermögen. Zunächst bestimmt sich der Wert des steuerpflichtigen Erwerbs bei Betriebsvermögen nach Regeln, die grundsätzlich zu einem niedrigeren als den tatsächlichen Verkehrswerten führen. Bei einem Einzelunternehmen oder einer Personengesellschaft wird von dem Steuerbilanzwert des Unternehmens ausgegangen, korrigiert durch erbschaftsteuerliche Bewertungsvorschriften hinsichtlich des zum Unternehmen gehörenden Grundbesitzes und Beteiligungsbesitz.

Steht der Wert fest, mit dem das Betriebsvermögen aufgrund eines Erbfalles oder einer Schenkung erworben wird, kann der Erwerber diesen Wert um einen Betriebsvermögensfreibetrag von 256.000 Euro kürzen. Mehrere Erwerber eines Betriebsvermögens müssen sich diesen Freibetrag teilen, denn der Inhaber des Betriebsvermögens hat nur einen Freibetrag zu vergeben. Der um den Betriebsvermögensfreibetrag geminderte Wert ist dann anschließend nochmals um einen Bewertungsabschlag von 35 % zu kürzen. Dies wirkt sich insbesondere bei größeren Vermögen, bei denen die Freibeträge nicht sehr ins Gewicht fallen und die nach einem hohen Steuersatz besteuert werden, aus. Eine weitere Begünstigung liegt darin, dass bei der Besteuerung von Betriebsvermögen aufgrund eines so genannten Entlastungsbetrages eine Belastung eintritt, die annähernd immer der günstigsten Steuerklasse, Steuerklasse I, entspricht. Mit diesem Steuerklassenprivileg sind somit auch Unternehmensnachfolgen an familienexterne Personen durchführbar.

Abbildung 9: Wenn Unternehmen vererbt werden[86]

Ein sehr interessantes, da besonders günstiges und liquiditäts-
schonendes Gestaltungsmittel ist die Übertragung von Unter-
nehmensbeteiligungen unter Nießbrauchsvorbehalt. Dies gilt aber
auch für die Übertragung von Immobilien. Der Erwerber hat in
diesen Fällen lediglich den Wert seines Erwerbs abzüglich des
Kapitalwerts des Nießbrauchs sofort zu versteuern. Die auf den
Kapitalwert des Nießbrauchs entfallende Erbschaftsteuer wird bis
zum Tod des Nießbrauchsberechtigten gestundet, kann aber auch
sofort zum abgezinsten Barwert abgelöst werden.

Wie Abbildung 10 noch einmal abschließend verdeutlicht, wird
es in den kommenden Jahren immer wichtiger schon früh eine
Nachfolgelösung für sein Unternehmen zu finden.

---

[86] Abbildung entnommen aus Die Wirtschaft 10/05, S. 8

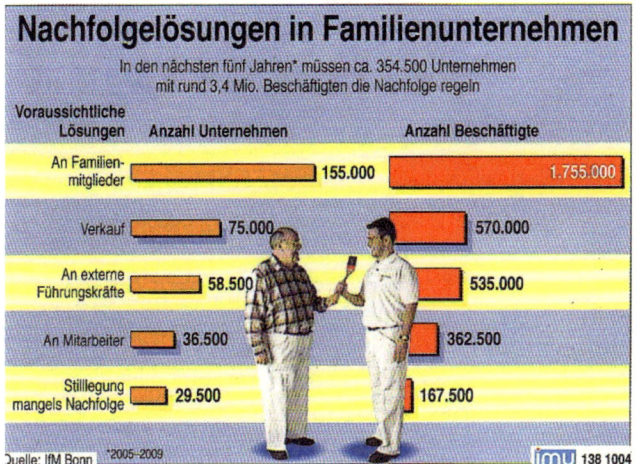

Abbildung 10: Nachfolgelösungen in Familienunternehmen[87]

_____

[87] Abbildung entnommen aus Die Wirtschaft 10/05, S. 11

Literaturverzeichnis

Backhaus, Beate u.a.: Vererben & Erben, Berlin, 1998[3]

Bell, Christopher: Richtig schenken und vererben, in: Die Wirtschaft, 10/2005, S. 4-6

Burandt, Wolfgang (Hrsg.): Beck'sches Mandanten Handbuch Erbrechtliche Unternehmensnachfolge, München, 2002

Eisele, Dirk: Lehrbuch der Erbschaftsteuer, Herne/ Berlin, 2001[5]

Gebel, Dieter: Betriebsvermögensnachfolge, München, 2002[2]

Hanses, Ulrich u.a.: Der Staat erbt mit, in: Die Wirtschaft, 10/2005, S. 7-9

Klinger, Bernhard F.: Erbrecht in Frage und Antwort, München, 2005

Koch, Irmelind R.: Schenken und Erben ohne Finanzamt, Regensburg/ Berlin, 2001[3]

Landsittel, Ralph: Berliner Rechtshandbücher Gestaltungsmöglichkeiten von Erbfällen und Schenkungen, Freiburg/Berlin, 2001[2]

Mayer, Günther: Soll ich mein Haus übertragen?, Regensburg/ Berlin, 2003

Moench, Dietmar u.a.: Die neue Erbschaftsteuer, Neuwied/ Kriftel/ Berlin, 1997

Reiners, Karl: Unternehmensnachfolge – Problem oder Chance?, in: Die Wirtschaft 10/2005, S. 9-11

Wacker, Wilhelm H. u.a.: Lexikon der Steuern, München, 2000

URL: http://www.steuer-office.de/SID103.ZTjYJUK5D_U/newsPrint [22.06.2005]

CXII

URL: http://www.steuer-
office.de/SID203.AF9Bc0MmuJg/newsPrint [13.09.2005]